Mütter, Euer Feind ist weiblich!

Cornelie Kister

MÜTTER, EUER FEIND IST WEIBLICH!

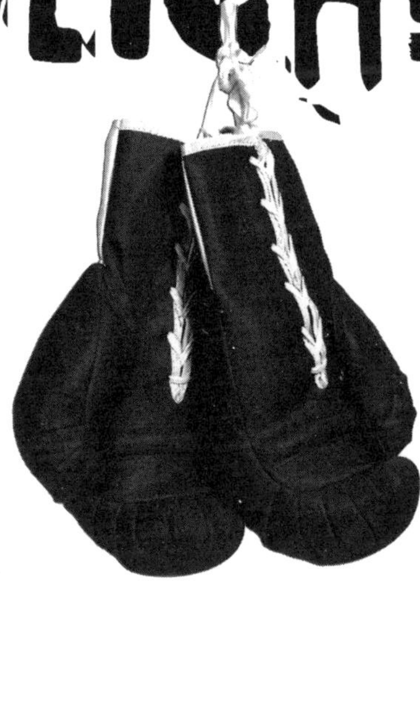

Wie Frauen sich gegenseitig das Leben zur Hölle machen

Eichborn

Cornelie Kister, Jahrgang 1965, ist Mutter von vier Kindern. Die studierte Germanistin und Romanistin war Verlagslektorin und ist seit 1996 selbständige Herausgeberin und Autorin. Sie lebt mit ihrer Familie in Wiesbaden.

Die Einheitlichkeit der deutschen Rechtschreibung ist in den letzten Jahren ohne Not zerstört worden. Dieses Buch folgt überwiegend den Regeln der neueren Rechtschreibung, bei der Getrennt- und Zusammenschreibung jedoch der sprachlichen Vernunft.

1 2 3 4 08 07

Umschlaggestaltung: Moni Port (www.laborproben.de)
unter Verwendung einer Fotografie von © getty image
Redaktion: Simone Kreuzberger und Oliver Th. Domzalski
Lektorat: Oliver Th. Domzalski
Layout: Tania Poppe
Gesamtherstellung: Fuldaer Verlagsanstalt, Fulda
ISBN: 978-3-8218-6012-1

Verlagsverzeichnis schickt gern:
Eichborn Verlag, Kaiserstraße 66, D-60329 Frankfurt am Main
www.eichborn.de

Das Ziel des Lebens ist die Selbstentwick-
lung: Das eigene Wesen völlig zur Entfaltung
bringen, ist unsere Bestimmung

Oscar Wilde

Inhalt

Vorwort

Noch ein Buch über den Mütterwahnsinn, und das ausgerechnet von einer, die vier Kinder hat – eine Zahl, die jede Statistik sprengt? Ja, unbedingt! Denn nach elf Jahren in einer Welt, die an Irrsinn kaum zu überbieten ist, brennt mir einiges auf der Seele.

Bis zu dem Tag, an dem mein erstes Kind geboren war, fand ich meine Welt vollkommen in Ordnung. Ich habe studiert, habe mir die Nächte mit Freunden um die Ohren geschlagen, habe so manche angenehme wie unangenehme Erfahrung hinter mich gebracht, habe meine berufliche Entwicklung zielstrebig vorangetrieben – bis die kopernikanische Wende meine Welt auf den Kopf stellte: Ich wurde Mutter. Und das nicht einmal, sondern gleich viermal, und aus freien Stücken. Und dennoch vergeht seit elf Jahren kaum ein Tag, an dem ich mir über die sonderbare Welt der Mütter nicht die Haare raufe oder sogar an ihr verzweifle.

Bis zum Tag der Geburt meines ersten Kindes hat mir niemand gesagt, was ich zu tun oder zu lassen habe, und niemand hat mir Vorschriften gemacht, ob etwas richtig oder falsch ist. Doch kaum lag das frisch geborene Menschenkind auf dem Tisch, da ging es auch schon los: »Wieso wollen Sie denn schon entlassen werden, Sie machen doch beim Wickeln alles falsch«, sprach die Hebamme, als ich den Wunsch äußerte, das Krankenhaus nach zwei Tagen Fremdbestimmung zu verlassen, damit ich mich wirklich von der Geburt erholen konnte. Der Arzt blieb ganz gelassen: »Machen Sie sich keine Sorgen, das hat noch jede gelernt.« Und in der Tat, ich habe es gelernt – sogar ohne den Ratgeber, den eigentlich jede patente Mutter noch vor der Geburt wie eine Bibel auf dem Nachttisch liegen hat.

Aber die Belehrungen haben trotzdem nicht mehr aufgehört.

Man zwang mir leidenschaftliche Diskussionen auf über die Vor- und Nachteile von Gläschenkost und selbst geschabtem Möhrenbreichen, über Einschlafrituale durch Trösten im Minutentakt oder Sich-Dazulegen, über den richtigen Einsatz des ersten Schuhwerks, und ganz besonders über die Frage, ab wann der Schützling das mütterliche Nest verlassen darf: »Die Kleine sieht blass aus, vielleicht ist der Kindergarten doch noch zu viel für sie?« oder »Meinst du nicht, dass dein Junge mehr mit Kindern zusammensein sollte? Du verzärtelst ihn zu sehr.« Selten blieben meine Entscheidungen als Mutter unkommentiert, und wenn kritische Bemerkungen auch nicht immer laut hinausposaunt wurden, so ließen sie sich als stumme Gedanken und Vorwürfe hinter einer transparenten Stirn erahnen.

Und: Fast immer sind es Frauen, besonders Mütter jeder Couleur, die ihresgleichen das Leben schwermachen. Selten hat mir ein Mann Vorschriften gemacht, wie mein Leben mit Kindern auszusehen hat – es waren die Mütter selbst, die alles besser wussten, die mir ein normiertes Mutterleben vor Augen hielten, die programmatisch verkündeten, was eine Mutter zu leisten habe. Und wenn der Katalog nicht abgearbeitet werde, dann sei das schlecht für die Kinder, und – um den deutschen Universalbegriff gleich einzuführen – die Schuldige ist selbstverständlich eine Rabenmutter.

Ich habe in meinem elf Jahre währenden Dasein als Mutter immer wieder erleben müssen, dass meine Art zu leben – subtil oder schamlos offen – an den Pranger gestellt wurde. Als Mutter von vier Kindern nahmen mich Vollblutmütter mit ebenfalls mehreren Kindern zunächst solidarisch in ihren Kreis auf – doch wenn sie merkten, dass meine Mütterlichkeit nicht konform mit ihrer ging, sondern andere Interessen ebenfalls einen großen Raum einnahmen und die Kinder dafür früh einer Fremdbetreuung »ausgesetzt« werden mussten, wurden sie misstrauisch und fanden mich plötzlich nicht mehr kompatibel für ihren Club. Sie kamen nicht damit klar, dass meine vier Kinder nicht mein alleiniges Lebensglück sind; dass ich sie liebe, sie aber nicht bekommen habe, um ihnen mein Leben auf dem Altar der heiligen Mutterschaft zu opfern. Weil es neben meinen Kindern eben auch mich gibt, mit meinen Bedürfnissen als erwachsene Frau und meinem Beruf, und weil mir – so provozierend es für das normale deutsche Mutterherz klingen mag – das eine so wichtig ist wie das andere.

Und in den Augen der anderen Mütter, häufig mit wenigen Kindern und berufstätig, hatte ich von vornherein das Stigma der bemitleidenswerten Vollblutmutter. Sie konnten sich schlichtweg nicht vorstellen, dass man mit vielen Kindern außer Haushalt und Erziehung noch etwas anderes auf die Reihe kriegt. Was sie mir entgegenbrachten, war eine Mischung aus Mitleid und Verachtung: »Die Arme, vier Kinder, was für ein Stress!«

Seit elf Jahren frage ich mich, warum Frauen, sobald Kinder in ihr Leben treten, in eine permanente Rechtfertigungsspirale geraten und warum sie plötzlich in einer Welt gefangen sind, die an Banalität und Stumpfsinn oft nicht zu überbieten ist, wie schon Reinhard Mey in einem Song treffend feststellte: »Nichts ist so erlahmend wie ein Elternabend«. Was nicht an den Lehrern, sondern eher an den erlahmenden Beiträgen der Eltern liegt … Warum ist mit einem Mal das schlechte Gewissen ein ständiger Lebensbegleiter? Und warum wird man das Gefühl nicht los, dass es eine wirkliche Solidarität unter Frauen nicht gibt, wenn Kinder im Spiel sind? Und dieses unsolidarische Verhalten hat ja Folgen.

Beinahe täglich wird in Deutschland darüber diskutiert, wie es gelingen kann, dass junge Frauen wieder Lust auf Kinder bekommen. Jeder meldet sich zu Wort, was auch gut so ist, denn das Thema brennt uns allen unter den Nägeln und ist in der Tat nicht mehr als »Frauengedöns« abzutun.

Es ist keine Frage, dass in erster Linie die Politik gefragt ist, die bessere Rahmenbedingungen für Familien und vor allem für Mütter schaffen muss. Doch wenn in Deutschland wieder mehr

Kinder geboren werden sollen, muss auch eine entschiedene innere Wandlung her. Allerdings jenseits von Eva Hermans absurden Postulaten oder den Horrorszenarien eines Frank Schirrmacher, die in Feminismus und Konsumsucht die Schuldigen für die Gebärunwilligkeit erkennen wollen. Nein, ich glaube, wenn die Frauen selbst aufhörten, das Muttersein immer weiter ideologisch hochzuschrauben und einander Vorschriften zu machen, wie eine »gute« Mutter zu sein hat, dann könnte man vielleicht wieder Spaß an der Sache bekommen und die Angst überwinden, Kinder bedeuteten das Ende der eigenen Biographie.

Ich denke, es ist dringend an der Zeit, den jungen Frauen, die vor der Frage stehen, ob sie sich in die verrückte Welt der Muttis spülen lassen sollen oder nicht, mitzuteilen, dass ein Leben *mit* Kindern viele gute Seiten hat, dass sie aber nicht *für* die Kinder leben und auch nicht ihre Persönlichkeit für lange Zeit an den Nagel hängen müssen. Und man muss sich auch nicht von Katastrophenpredigern wie Susanne Gaschke und Frank Schirrmacher verrückt machen lassen, die mit ihren abschreckenden Gesellschaftsszenarien am Ende das Gegenteil von dem erreichen, was sie eigentlich beabsichtigen: dass wir Kinder bekommen. Bei ihren Analysen vergeht einem die Lust, noch bevor sich ein Kinderwunsch überhaupt regt. Da schließe ich mich lieber Ursula von der Leyen an, die der Ansicht ist, man solle Kinder bekommen, weil man sie von Herzen liebt – was nicht heißt, dass man sein eigenes Leben nicht auch von Herzen lieben darf.

Und? Ist der Feminismus nun mitverantwortlich für die zunehmende Kinderlosigkeit, wie es neuerdings gerne behauptet wird? Wenn, dann möglicherweise in ganz anderer Weise, als man zunächst annehmen würde: Denn sie stehen ja noch deutlich vor unserem geistigen Auge, die Mütteremanzen, die in den 80er Jahren mit Strickzeug im Deutschen Bundestag saßen und sich nicht scheuten, selbst in öffentlichen Versammlungen ein Kind an der Hand und das andere an der Brust zu haben. Diese Feministinnen haben zwar für die Rechte und die Anerkennung der Mütter gekämpft, aber ironischerweise die Ketten des Mutterseins noch enger gezogen, indem sie es massiv ideologisch aufgewertet haben. Hat nicht ihre klare Absage an die autoritäre Erziehung mit der Zeit zu der aufgeweichten Kuschelpädagogik geführt, bei der das Kind bereits vom ersten Tag an gruppendynamisch mitdiskutieren, sich frei entfalten und die Welt erkunden darf, während die umsichtige Mutter hechelnd hinterherdackelt, um den kleinen Forscher vor möglichen Gefahren zu bewahren? Hat sich Mutterschaft nicht zu einem weiblichen Selbsterfahrungstrip in Pekip- und Stillgruppen, in Geburtsvorbereitungs- und Babymassagekursen, in Spielkreisen, Krabbelgruppen und Miniclubs ausgewachsen? Fordert das Eingehen auf das in Watte gepackte, verletzliche Kind nicht eine Einsatzbereitschaft, die ans Übermenschliche grenzt? Zwar heißen die Fesseln nicht – wie für die Nachkriegsmütter, die wahrlich nicht viel an ihrer Rolle zu gestalten hatten – ein keimfreies Haus und eine adrett gescheitelte Kinderschar, aber die neue, selbstauferlegte Geißel heißt: Niemand kann so gütig und umsichtig zu dem zarten Kindsgeschöpf sein wie Mutti. Und eine Mutter, die die damit verbundene Aufopferung verweigert, ist eine schlechte Mutter. Die fatalen Folgen spüren wir noch heute: ein Leben, das sich für lange Zeit von der Normalbiographie eines Erwachsenen verabschiedet. Und wer an seinem alten Leben festhalten und es mit dem Mutter-Dasein vereinbaren will, zahlt den Preis in Form eines kaum zu bewältigenden Spagats zwischen Kinderstube und Erwachsenenwelt. Und damit nicht genug: Solche Mütter müssen sich auch noch der permanenten Kritik aufopferungsvoller Fünfsternemütter aussetzen, oder den Vorwürfen selbsternannter Erziehungsexperten/innen, die heutigen Müttern fehlende Verantwortungsbereitschaft und Inkompetenz attestieren – entweder, weil den Frauen die Weiblichkeit abhanden gekommen sei, oder weil sie gar nicht mehr wüssten, was Erziehung ist. Kann man es den jungen Frauen verübeln, dass sie ein solches Leben dankend ablehnen? Wundert es uns, dass das ungebundene Dasein vielen attraktiver erscheint als die scheinbar entbehrungsreiche Mutterschaft?

All diesen Fragen möchte ich nachgehen. Ich werde die verschiedenen Frauen- und Müttertypen, die sich in einem Dauerwettstreit das Leben schwer machen, in einen fiktiven Boxring stellen und dort ihren ideologischen Kampf mit verbalen Fäusten austragen lassen. Am Ende setze ich einen K.-o.-Schlag für alle. Wir Mütter liegen erschöpft am Boden – erschöpft nach all den Jahren des sinnlosen Kampfes gegeneinander und gegen ein Leben, das ohnehin kein Zuckerschlecken ist. Denn das ist der kleinste gemeinsame Nenner aller Mütter: Das Leben mit Kindern ist wahrlich kein erholsamer Spaziergang im Grünen. Aber wie der dornige Weg nun auszusehen habe – im Streit darüber verpassen Mütter einander die fiesesten Kinnhaken. Doch damit soll jetzt Schluss sein! Die Kräfte sind verbraucht, wir rappeln uns mühsam wieder auf und fangen nochmal von vorne an, über ein Leben mit Kindern in heutiger Zeit nachzudenken.

Ich plädiere für eine Zukunft, in der Frauen Mütter sein können, ohne sich unter ideologischen Leistungsdruck gesetzt zu sehen, in der sie auf die Solidarität untereinander vertrauen können, und in der Kinder wieder eine Stellung in der Familie oder im Leben der Mütter bekommen, die auch die Persönlichkeitsrechte der Frauen nicht über Bord wirft – denn nicht alles ist ein Segen für die Mutter, was (angeblich) einer fürs kuschelige Wohl der Kinder ist.

Zur Stimmungslage

»Mein Feind soll weiblich sein?« Da sitzen sie in schönster Eintracht mit anderen Müttern neben der Buddelkiste oder im Café unter Freundinnen und schütteln angesichts unseres Buchtitels fassungslos die Köpfe. »Aber wir streiten uns doch gar nicht! Wir sind doch alle tolerant und akzeptieren den Lebensentwurf einer jeden – Hauptsache, frau wird glücklich mit ihrem Dasein und ist zufrieden mit sich und den Kindern und der Welt.«

Und wirklich: Von Streit und Missgunst kann auf den ersten Blick gar keine Rede sein – man sieht sie doch überall in fröhlicher Gemeinschaft: beim Babyschwimmen, beim Kinderturnen, in Stillgruppen und bei der Frühförderung, an schönen Nachmittagen auf Spielplätzen und überall sonst, wo sie der Sprachlosigkeit mit ihren noch brabbelnden Babys und Kleinkindern zu entfliehen versuchen und das Nützliche mit dem Angenehmen verbinden. So wie Hundehalter sofort Anschluss zu ihresgleichen finden, verfügen vor allem Mütter dank ihrer Kinder und der organisierten Freizeiteinrichtungen für Mutti und Kind schnell über ein dichtes Netz netter Mitmütter.

Doch der Schein der heiteren Solidargemeinschaft von Müttern und Frauen trügt: Hinter der Herzlichkeit und dem angeblichen Interesse an den Kindern der Mitmütter lauern die Konkurrenz, der Argwohn, der Wettstreit, die Missgunst. Alles bleibt verborgen hinter einer Mauer des Schweigens, hinter wohlgehüteten Tabus, von denen eines lautet, dass keine Mutter ehrlich sagen darf, wie sie ihre Mutterschaft erlebt. Sie verschweigt besser, wenn sie froh darüber ist, nicht mehr arbeiten zu müssen, weil es ihr viel mehr Spaß macht, Mutter zu sein; und sie verschweigt es ebenso, wenn sie unter quälender Langeweile und

Isolation leidet und lieber heute als morgen an ihren Arbeitsplatz zurückkehren möchte. Die kinderlose Kollegin wiederum sagt lieber nicht, dass ihr die arbeitende Mutter ein Dorn im Auge ist, weil sie deren Arbeit immer glaubt miterledigen zu müssen. Mit Kind ist frau eben nicht voll einsatzfähig und bleibt besser zu Hause. Und die arbeitende Mutter fragt sich ebenfalls nur im Stillen (oder beim Ablästern mit Dritten), was wohl bei der kinderlosen Kollegin nicht stimmt. Keinen abgekriegt?

Vor etwa 40 Jahren haben sich Frauen zusammengeschlossen im solidarischen Kampf gegen den einen gemeinsamen Feind: die Männer. Es galt, in einer männerdominierten Welt gleiche Rechte am Arbeitsmarkt herzustellen, Frauen aus dem goldenen Käfig von Heim und Herd zu befreien und die Entscheidung, ob sie Mutter werden wollen oder nicht, einzig in ihre Hände zu legen: »Mein Bauch gehört mir!« Auch wenn die Gleichberechtigung zwischen den Geschlechtern noch nicht erreicht ist: eine junge Frau, die heute am Beginn ihres selbstbestimmten Lebens steht, wird einräumen, dass ihr alle Türen offenstehen, dass kein Mann es wagt, ihr Vorschriften zu machen, was sie zu tun oder zu lassen habe. Sie allein schreibt das Drehbuch ihres Lebens, und ob und wann sie Mutter wird und wie sie sich ihr Leben mit Kind einzurichten gedenkt, obliegt einzig ihrer Gestaltungskraft. Wenn da nicht die anderen Frauen wären …

Wie vergiftet das Klima unter Frauen und Müttern tatsächlich ist, kann man leicht testen: Man braucht nur in einer geselligen Runde den Namen der Bundesfamilienministerin, Ursula von der Leyen, beiläufig zu erwähnen, und es löst sich eine verblüffende Lawine der Entrüstung. Denn diese blonde, zarte Frau schafft etwas, was sonst kaum einer gelingt: Einzig in ihrer Art, zieht sie die kollektive Abneigung fast aller Frauen- und Müttertypen auf sich. Und warum? Weil sie in scheinbar spielerischer Leichtigkeit, ohne den Anspruch, als Modell für alle zu gelten, und mit einem stets charmanten Lächeln auf den Lippen meistert, was eigentlich nicht gelingen darf: viele Kinder *und* eine Spitzenkarriere.

Die kinderlose Karrierefrau gönnt ihr diese Spitzenposition nicht, denn für eine Superkarriere hat man gefälligst auf Kinder zu verzichten. Mit vielen Kindern gehört eine Mutter an Herd und Wickeltisch.

Die gar nicht geringfügig berufstätige Mutter macht der amtierenden Familienministerin den Erfolg madig, weil es sich einfach nicht schickt, so viele Kinder in die Welt zu setzen und sich dann nicht um sie zu kümmern – die armen Kinder, wozu hat sie sich eine solche Horde überhaupt angeschafft! Zähneknirschend muss frau allerdings einräumen, dass noch keines der Von-der-Leyen-Kinder verwahrlost am Straßenrand aufgesammelt wurde – im Gegenteil: Man sieht sie sogar fröhlich im Wohnzimmer miteinander musizieren.

Und die Frauen, die sich selbst als emanzipiert bezeichnen und deren Mutterschaft von einem chronischen Gejammer über die fehlende Bereitschaft der Väter gekennzeichnet ist? Jene, die so gerne mehr aus ihrem Leben machen würden, wenn nur die vermeintlich patriarchalischen Verhältnisse nicht dagegenstünden? Sie fühlen sich von Frau von der Leyen provoziert, weil sie ihnen mir nichts, dir nichts die bequemen Argumente ihres feministischen Mütterstandpunkts aus der Hand schlägt.

Die berufstätige Mutter wird vielleicht noch am mildesten mit Frau von der Leyen umgehen, denn sie hat aus eigener Erfahrung eine Ahnung von den Sorgen und Nöten dieser vielbeschäftigten Frau. Aber sie ist auch ein wenig neidisch auf sie, oder zumindest skeptisch, weil sie sich beides so hemmungslos traut: einen Stall voller Kinder und einen Topjob zu haben. Irgendwas muss hier faul sein, und wenn man nichts findet – na, dann ist halt die Frisur daneben! Und außerdem kann die sich ja sieben Kindermädchen leisten, als Ministerin.

Übrigens: In Frankreich greift im Frühjahr 2008 mit Ségolène Royal eine Mutter von vier Kindern nach dem höchsten Staatsamt unseres Nachbarlands: dem Präsidentenamt. Man möchte gern einmal Mäuschen spielen und die Französinnen bei ihrem Alltagstratsch belauschen. Was sie wohl über ihre brünette »Ursulavon-der-Leyen-Ausgabe« sagen? Überschütten sie die »Rabenmutter« kübelweise mit Hass? Sind sie voller Respekt? Oder spielt der Umstand, dass die einflussreichste Frau des Landes vierfache Mutter ist, vielleicht gar keine Rolle?

Wirft man einen Blick auf die Jury, die sich die harschen Urteile über Ursula von der Leyen anmaßt, dann muss man feststellen, dass es eine reine Frauenjury ist. Männer stehen kopfschüttelnd bis schadenfroh am Rand und kommentieren das weibliche Gezeter allenfalls mit einem achselzuckenden: »Typisch, Weiber unter sich!« – erleichtert, diesmal nicht in der Schusslinie zu stehen.

Wenn sich Frauen über Ursula von der Leyen echauffieren, so steht dies exemplarisch dafür, dass derzeit weniger »Aufruhr im Patriarchat« (Alice Schwarzer) als vielmehr »Gezänk im Matriarchat« herrscht: Frauen debattieren leidenschaftlich über Kinder, Erziehung, über Männer, Mutterschaft und Karriere. Über solchen Gesprächen können ganze Nachmittage und gesellige Abendrunden verstreichen. Männer halten sich in dieser Debatte vornehm zurück oder wagen allenfalls diplomatische Kommentare – zu tief sitzt ihnen noch der Schock nach den Wirren der Emanzipationsbewegung in den Knochen; und selbst wenn sie vielfach gar keine Machos mehr sind, befürchten sie, sich den Mund an typischen Frauenthemen zu verbrennen und sich durch eine unbedachte Bemerkung den Vorwurf des ewiggestrigen Chauvis einzuhandeln.

Doch wie konnte es passieren, dass aus der engagierten Frauenbewegung ein zerstrittener Hühnerhaufen wurde? Nun, die Basis für die zweite Frauenbewegung Ende der 60er Jahre war, dass Frauen und Mütter in vergleichbaren Lebensumständen gefangen waren. Sie empfanden ihre Lebensperspektive größtenteils als unbefriedigend und bedrückend und zogen folglich in einen gemeinsamen Kampf, um Wege zu ihrer eigenen Befreiung zu finden. Die konkrete Situation der Mütter, so muss man allerdings einschränken, stand nicht auf der Tagesordnung der feministischen Kämpferinnen. Die Mütterfrage blieb letztlich offen, weshalb die engagierten Mütterfrauen sich in der Folge selbst organisierten. Dennoch wurden Frauen und Mütter von der allgemeinen Vorstellung ihrer »Unterdrückung« durch das Patriarchat solidarisch zusammengehalten. Es waren ihre vergleichbaren Biographien und vor allem die Aussicht auf ein Leben wie das ihrer Mütter in den 50er Jahren, mit einer Kinderschar isoliert im blitzsauberen Heim und mit unkrautfreiem Garten, die sie erkennen ließen, dass sie gemeinschaftliche Anstrengungen für Veränderungen unternehmen mussten, was die 68er Frauen schließlich auch taten. Genau diese Umstände – vergleichbare Biographien und ein kollektives Schicksal als Frau und Mutter – haben sich grundlegend verändert. Mit der Wahlfreiheit zwischen Kind und Karriere, ja heutzutage sogar für Kind *und* Karriere – die praktischen Schwierigkeiten dieser Option werden später noch Thema sein –, die sich die Frauenwelt erkämpft hat, setzte auch die Zersplitterung der bis dahin einheitlichen Frauenbiographien ein. Bis in die 60er Jahre waren Ehe und Familie die Eckpunkte einer weiblichen Normalbiographie, doch heute gibt es die unterschiedlichsten Arten, wie Frauen – mit Kindern oder ohne – ihr Leben führen können. Die Kinderlose ist gesellschaftlich akzeptiert und aus dem freudlosen Schattendasein des Mauerblümchens und der alten Jungfer herausgetreten, wenn auch ihre selbstgewählte Kinderlosigkeit immer noch gerne als blanker Egoismus gegeißelt wird. Und wer sich für die Mutterschaft entscheidet, muss nicht gleich befürchten, in den goldenen Käfig der Ehe gesperrt zu werden, einen Stall voller Kinder zu bekommen und auf Beruf und Karriere zu verzichten. Gesellschaftlich ist alles möglich – praktisch allerdings wird es schwierig. Denn die Bedingungen sind keineswegs günstig. Frauen sind in Deutschland gezwungen, sich ihre Biographie mit Kind und Job selbst zu basteln, mit oder ohne Partner. Glücklich können sich solche Frauen schätzen, die einen emanzipierten Mann und Kindsvater an ihrer Seite wissen, für den die Teilnahme am Familienleben und an der Erziehung der Kinder selbstverständlich ist. Die Unterstützung von Staatsseite steckt – gemessen an der in unseren Nachbarländern – noch in den Kinderschuhen. Generationenübergreifende Unterstützung durch Großeltern oder die gute alte unverheiratete Tante ist ebenfalls kaum vorhanden. In unserer Gesellschaft setzen wir auf Individualismus, den familiären Zusammenhalt zwischen den Generationen gibt es nur noch in Ausnahmefällen. Und selbst wenn die Oma um die Ecke wohnt – sie hat in den Augen der besorgten Mütter ein solch antiquiertes Bild von Erziehung, dass man den Sprössling nicht länger als nötig der Obhut einer solch Unkundigen überlässt: Das umhegte Geschöpf könnte Schaden nehmen bei unsachgemäßer Behandlung. Es kann aber auch sein, dass die rüstige Oma keinerlei Interesse daran hat, sich in die Kuschel-Aufzucht ihrer Enkel einzubringen, weil sie nach Beendigung ihrer Erziehungsarbeit viel lieber die Welt erkundet. Unterstützung außer durch einen engagierten Partner und Kindsvater ist also kaum vorhanden, was bedeutet, dass jede Mutter sehen muss, wie sie ihre Möglichkeiten ausschöpft und ihre Zielvorstellungen durchbringt.

Was uns heutigen Müttern fehlt, sind handfeste Vorbilder, die für alle gelten. Frauen können nicht mehr auf eine verschworene Gemeinschaft Gleichgesinnter zurückgreifen, die ein verlässliches Reservoir weiblicher Solidarität böte. Frauen planen und entwerfen ihr Leben selbst, stecken sich individuelle Ziele und müssen daraus Befriedigung ziehen. Ob und wie sie Kinder einplanen, ist ihre Sache. Die fraglose Sicherheit einer vorherbestimmten, kollektiven Lebensbiographie, wie sie unsere Mütter oder Großmütter noch hatten, ist verlorengegangen.

Natürlich ist diese Freiheit in der Lebensgestaltung eine Errungenschaft. Sie hat jedoch nicht nur Annehmlichkeiten geschaffen, sondern auch für Leistungsdruck bei jeder Einzelnen gesorgt und die Einmütigkeit unter Frauen, ihre »Schicksalsgemeinschaft«, aus den Angeln gehoben. Mit der Individualisierung der Frauenbiographien und der Vielfalt der Lebensentwürfe ist das Feld für einen historisch neuartigen Schwesternstreit eröffnet worden. Und es ist vor allem der eine, neuralgische Punkt, der unter Frauen mit schönster Regelmäßigkeit für Streit sorgt: die Mutterschaft. Allerdings darf man nicht so naiv sein und glauben, es sei der ewige Streit der Vollzeitmutter gegen die berufstätige Mutter, deren Synonym im Volksmund immer noch »Rabenmutter« lautet. Tatsache ist: Der Streit schwelt, wie ein leises Buschfeuer, wesentlich großflächiger, bezieht die Kinderlose mit ein, obwohl sie mit Mutterschaft gar nichts am Hut hat, zielt auf die Einkindmutter gegen die Mehrfachmutter, die unbedarfte Jungmutter gegen die bewusste Spätmutter, die fröhliche Shopping-Mutter gegen die ernst gestimmte Ökomutter.

Und warum steht im Brennpunkt des Frauendisputs ausgerechnet die Mutterschaft, die doch für all das Gute und Selbstlose im Menschen, besser gesagt, in der Frau steht? Weil auch sie nichts Selbstverständliches mehr ist, weil Frauen wählen können, ob und wann und wie oft sie Mutter werden. Es ist ein logisches Gesetz: Seit Frauen freiwillig entscheiden können, müssen sie auch zu ihrer Entscheidung stehen und sie gegenüber den Konkurrentinnen vertreten. Wie die Männer auf ihrem vorgeschriebenen Weg um die höchste Sprosse der Karriereleiter einen erbitterten Ellenbogenkampf ausfechten, so tun dies auch Frauen. Zusätzlich jedoch führen sie, sobald sie Kinder haben, noch einen Konkurrenzkampf um das bessere Lebensmodell. Es ist, verkürzt gesagt, der Kampf darum, wer die bessere Mutter ist.

Ist es die, die sich für Jahre ganz auf ihre Kinder einstellt, oder ist es möglicherweise die lebensstarke, alleinerziehende Karrieremutter? Ist es die, die lediglich ein Kind in die Welt setzt, um das sie sich aufmerksam kümmert, oder die, die viele Kinder bekommt und dennoch ihre berufliche Biographie nicht aus den Augen verliert und auf bezahltes Kinderpersonal zurückgreift? Ist es die, die sich mit Ratgeberliteratur in Sachen Kindererziehung top informiert, bevor sie sich an die heikle Erziehungsaufgabe wagt, oder ist es die Spontimutter, die alles intuitiv aus dem Bauch heraus entscheidet? Ist es die strenge und konsequente Mutter oder die liebevolle Kuschelmami? Wir wissen es alle nicht genau, und deshalb streiten wir uns so verbissen. Wäre das fertige Kind (denn um das dreht es sich ja letztlich) eine objektive Messlatte, dann könnten wir unseren Mütterstreit schnell beilegen. Das bestgelungene Kind würde ausgewählt, und die Mutter mit ihrem in Sachen Erziehungsarbeit den meisten Erfolg versprechenden Lebensmodell würde beispielgebend aufs Podest gestellt. Aber so einfach ist es leider nicht, denn wir haben es sowohl bei Kindern als auch bei Müttern mit Menschen zu tun, die niemals gleich veranlagt sind, und die außerdem sprunghaft, launisch und wenig berechenbar sind. Dennoch haben wir seit der Entdeckung der Psychoanalyse und der bedeutsamen Mutter-Kind-Beziehung die Mutterschaft in dramatischer Weise aufgewertet – in dem festen Glauben, das Wohl und Wehe der Kinder hänge einzig und allein von einer guten Erziehung durch aufopferungsvolle Mütter ab. Nichts kann uns von der Überzeugung abbringen, dass eine »gute« Mutter den Schlüssel für eine glückliche Kindheit in der Hand hält, aus der später lebenstüchtige und erfolgreiche Erwachsene hervorgehen. Und so strampeln sich Mütter – ob berufstätig oder nicht – an einer hochgradig aufgeladenen Mutterschaft ab, die von ihren Protagonistinnen einen Einsatz verlangt, den nicht mal die 50er-Jahre-Mütter vollbringen mussten, obwohl die meisten von ihnen »nur« Hausfrau und Mutter waren. Nach Erledigung der Hausaufgaben reichte in aller Regel ein lässiges »Geh spielen«, und der Nachmittag gehörte den Kindern *und* den Müttern. »Geh spielen« sagt heutzutage kaum eine Mutter mehr zu ihrem Kind, wie Anke Richter kürzlich in der Zeitschrift *Eltern* bemerkte, denn viel Zeit zum Spielen auf der Straße oder im Viertel gibt es nicht mehr, weil auf dem nachmittäglichen Terminkalender Hobbys und Förderprogramme stehen. Und sollte doch mal freie Zeit vorhanden sein – die Kleinen einfach spielen zu lassen, das traut sich eine »gute« Mutter nicht mehr so ohne weiteres. Zu viele Gefahren lauern dort draußen – da ist es immer noch besser, sie sitzen sicher und geborgen zu Hause vor Flimmerkiste und Computer. Oder Mutti sitzt bei den Kleinen mit im Kinderzimmer und gibt Anregungen, oder sie schiebt Wache auf dem Spielplatz. Und auch bei den Großen gibt es immer das eine oder andere an mütterlicher Beaufsichtigung zu tun. »Geh spielen«, das klingt in heutigen Mütterohren nach Vernachlässigung und fauler Rabenmutter, die sich selbst mal wieder am wichtigsten ist, die Kaffee trinkt und dabei selbstvergessen die Zeitung liest.

Dass sich über das Thema Mutterschaft ausschließlich Frauen und Mütter streiten, hat historische Gründe: Bis zu den revolutionären Umbruchjahren nach 1968 waren es die Männer, die in den patriarchalisch organisierten Familien den Ton angaben und den Müttern ihre klaren Rollen und Plätze im häuslichen Rahmen zuwiesen. Da gab es für Frauen nicht viel zu diskutieren, die Dinge waren für alle klar. Die Männer waren es, die nach Freud das Drama im Leben des Kindes darstellten – vorzugsweise im Leben des Sohnes. Erst seit der übergroße Vater durch die radikale Frauenbewegung und den nachfolgenden Mütterfeminismus der 80er Jahre vom familiären Sockel gestoßen wurde, haben Mütter mehr und mehr Macht und Einfluss im Leben ihrer Kinder gewonnen, und die Nachfolger Freuds haben mit Recht nunmehr die Mutter als das eigentliche Drama im Leben des Kindes ausgemacht. Sie spielt in aller Regel vom ersten Tag an die Hauptrolle im Leben des Kindes, wenn nicht zufällig ein engagierter Vater auch Erziehungsansprüche für sich geltend macht. Es ist jedoch kein Geheimnis, dass die paritätische Erziehungsteilung immer noch eher die Ausnahme als die Regel ist. Hauptverantwortliche für Haus und Kind sind – jedenfalls in Deutschland – die Mütter. Mit der zunehmenden Bedeutung und Ausschließlichkeit dieser Mutter-Kind-Bindung – weitere Bezugspersonen wie Großeltern, Tanten oder Hauspersonal wurden wie gesagt immer seltener – machten auch immer mehr Psychologen, Erziehungsexperten und Wissenschaftler von sich reden, die mithalfen, ein ausgeklügeltes Konzept für eine perfekte Mutterschaft zu schreiben. Dass damit die gesamte Verantwortung für Gedeih und Verderb des Kindes bei den Müttern abgeladen wurde, war nicht eben fair. Diesem Umstand musste man bald Rechnung tragen – und vor allem mussten männliche Erziehungsexperten nach den 60er Jahren aufpassen, gegenüber feministischen Müttern nicht bevormundend aufzutreten. Schließlich hielten sich die Mütter der revolutionären Umbruchjahre selber für die Kundigeren, und so wurde der Ton unter den Fachkräften allmählich moderater und bezog – politisch korrekt und einem allmählich sich wandelnden Rollenverhalten zumindest mancher Männer folgend – stets auch den Vater mit ein, wenn von adäquater Säuglingspflege und von Entwicklungspsychologie bei Kindern die Rede war, was nun mal engagierte Eltern voraussetzte.

Aber letztlich – und das wissen sie auch – sind die Mütter die eigentlichen Experten in Sachen Kinder. Allerdings empfinden die meisten die Verantwortung der ideologisch aufgeladenen Mutterschaft als belastend und leiden an einem chronisch schlechten Gewissen, besonders wenn sie befürchten, dass ihre Ausgangsbedingungen nicht optimal sind (ein typisches Syndrom der berufstätigen Mutter). Andere fühlen sich von der Dauerfürsorge für Kinder und durch die Alleinzuständigkeit überfordert und ausgelaugt, weil für sie selbst als Individuum nicht viel übrigbleibt (ein typisches Syndrom der Vollzeitmutter). Und dennoch kämpft jede für sich (und gegen die anderen) verbissen darum, eine »gute«, fürsorgliche und hingebungsvolle Mutter zu sein. Viele, seien es Vollzeitmütter oder berufstätige Mütter, zahlen einen hohen Preis für ihre Mutterschaft und sehen sich dazu noch gezwungen, vor sich selbst und anderen Rechenschaft für ihren Lebenseinsatz abzulegen. Um die Anforderungen der Mutterschaft überhaupt bewältigen zu können, müssen sie davon überzeugt sein, dass ihr Konzept passabel ist und sich die Mühe lohnt. Nahezu reflexhaft und vehement verteidigt jede Mutter deshalb ihr Konzept nach außen. Und wenn außer ihr selbst niemand ihre Erfolge als Mutter lobt – worin immer sie bestehen mögen –, dann hilft es bisweilen, wenn man wenigstens das Lebensmodell der anderen kritisiert und madig macht.

Der lauteste und am leidenschaftlichsten ausgetragene Kampf war bisher derjenige der Vollzeitmutter, die zugunsten der Erziehung ihrer Kinder für einige Jahre oder für immer aus ihrem Beruf ausstieg, gegen die berufstätige Mutter, die keine Scheu hatte, ihr wenige Monate altes Baby in die Krippe zu bringen, um ihr kurzfristig unterbrochenes Berufleben wieder aufzunehmen. Doch dieser Streit wird angeblich bald verstummen, denn, so Susanne Gaschke, in Deutschland gehe eine Ära zu Ende, die Ära der »Rabenmutter«. Das mag vordergründig stimmen. Denn wenn sich Politiker erstmals seit der Gründung der Bundesrepublik für die Tagesbetreuung auch der kleinsten Mitglieder der Gesellschaft stark machen, damit ihre Mütter nach der Geburt des Kindes früher und problemloser ihre Arbeit wieder aufnehmen können, dann scheint es, als würden zumindest auf offizieller Seite die verschiedenen Lebensmodelle mit Kind endlich akzeptiert. Auch in der Wirtschaft sind die Bedürfnisse berufstätiger Mütter stärker in den Blick geraten, und firmeneigene Kindergärten werden immer häufiger möglich. Die Kröte, dass Kinder – wie in den Nachbarländern – vielleicht doch vor der magischen Altersgrenze von drei Jahren (also nach Abschluss der so genannten »Bindungsphase«, einem angeblich unerlässlichen Entwicklungsschritt hin zu einem lebenstüchtigen Menschen) für einige bis viele Stunden am Tag fremdbetreut werden können, scheint auf offizieller Seite geschluckt worden zu sein. Natürlich verfolgt die Politik ein ganz bestimmtes Interesse, wenn sie Mütter unterstützt: Zur Sicherung der gefährdeten Sozialsysteme will man ganz einfach, dass Frauen – vor allem Akademikerinnen – wieder mehr Kinder bekommen, wie und unter welchen Umständen auch immer. Dafür stellt man sogar Steuergelder zur Verfügung, damit Erleichterungen geschaffen werden können, auf die so manche Frau in diesem Land schon sehnsüchtig gewartet hat. Und die Unternehmen setzen sich für Mütter ein, weil sie ihre top ausgebildeten Arbeitskräfte nicht verlieren möchten, in die sie eine Menge Zeit und Geld investiert haben. Aber welche Motive auch immer Politik und Wirtschaft verfolgen – für Frauen und

Mütter setzt endlich eine familienfreundliche Aufbruchstimmung ein, die einen optimistisch in die Zukunft blicken lässt.

Aber lassen wir uns nicht blenden von so viel Zuversicht: Der Streit der Frauen untereinander, wer die beste aller Mütter sei und wie man als Frau oder Mutter zu leben habe, damit alle glücklich und zufrieden sind, wird mit einer geänderten Familienpolitik noch lange nicht vom Tisch sein. Wie man im Herbst 2006 an aufgeregt debattierenden Frauen erleben konnte, die sich in Talkshows über das *Eva-Prinzip* die Köpfe einschlugen, ist es noch längst nicht vorbei mit der Rabenmutterschelte, mit der Missgunst gegen den Lebensentwurf der bewusst Kinderlosen, mit der Verachtung gegenüber der bekennenden Vollblutmutter. Im Gegenteil – mit zunehmenden Wahlmöglichkeiten sieht man von Ferne sogar schon einen weiteren Streit unter Müttern am Horizont heraufziehen: Nicht mehr darüber, *ob* Kinder schon im zarten Kleinkindalter in einer Tageseinrichtung untergebracht werden sollen, anstatt in der Obhut der Mütter zu bleiben, wird eine hitzige Diskussion entbrennen, sondern darüber, in *welche* pädagogisch wertvolle Einrichtung man sie bringt, damit sie die besten, pisagerechten Startchancen fürs Leben erhalten. Hier öffnet sich ein prächtiges neues Schlachtfeld für mütterliche Wettbewerbe …

Dennoch: Deuten wir die Zeichen der Politik und die zarten Anflüge öffentlicher Toleranz als gutes Zeichen, dass vielleicht auch der Streit unter Frauen einst beigelegt werden könnte – spätestens dann, wenn durch ein flächendeckendes und vertrauenswürdiges Betreuungsangebot Mütter in die Lage kommen, ihren individuell bevorzugten Weg in Sachen Mutterschaft auch wirklich zu gehen. Wenn frühzeitige Kinderbetreuung in Deutschland nicht mehr die Ausnahme, sondern wie in anderen Ländern die Regel wäre, bräuchte man Müttern nicht mehr zu unterstellen, sie würden ihre Kinder aus egoistischen Karrieregründen frühzeitig abschieben. Somit hätte es auch die berufstätige Mutter im besten Falle nicht mehr nötig, aus Selbstverteidigungsgründen verächtlich auf die beruflich langzeitpausierende Vollzeitmutter herabzublicken und sie als nicht ernstzunehmendes Muttchen am Herd abzustempeln, das den Anschluss an die Moderne verpasst hat und beharrlich deutsche Mütterfolklore im Stil der 50er Jahre lebt.

Es bleibt abzuwarten, ob Frauenbiographien tatsächlich wieder vergleichbarer werden und in der Folge Mütter verständnisvoller und friedvoller miteinander umgehen können, weil sie nicht mehr länger in unheilvoller Konkurrenz stehen. Sehr zuversichtlich kann man allerdings nicht sein, wenn man das aufgeladene Bild der Mutterschaft mit all seinen Anforderungen und all seinem Irrsinn vor Augen hat. Dessen Hintergründe und seine Auswirkungen auf alle streitenden Mütter- und Frauentypen, die in diesem Buch auftreten und miteinander ringen und boxen, sollen im Folgenden analysiert werden.

Erste Runde

Von der Qual der Wahl

Ein Klassentreffen steht an – zwanzig Jahre nach dem Schulabschluss. Die Gefühlslage ist gemischt: Freude auf das Wiedersehen nach langer Zeit und die Erwartung von Überraschungen: Gibt es schon Typen mit Bauch, deren Haarpracht nur noch aus einem kurz geschnittenen Kranz besteht? Ist aus dem einst unauffälligen, strebsamen Mädchen aus der ersten Reihe eine temperamentvolle Frau im taillierten Kostüm geworden? Doch je näher der Tag der Zusammenkunft rückt, desto stärker breitet sich ein ungutes Gefühl in der Magengegend aus, und man quält sich mit der Überlegung, ob man der Veranstaltung nicht doch lieber fernbleibt und weiter ohne Rechenschaftsbericht durchs Leben zieht.

Warum nur? Ist doch toll, wenn man Menschen aus der frühen Jugend endlich einmal wiedersieht. Nun ja – man ist plötzlich wieder mit den Leuten konfrontiert, mit denen man einst eine absolut vergleichbare Lebenssituation teilte: Vor zwanzig Jahren standen alle an der Schwelle zum Erwachsenenleben und mussten unweigerlich die Weichen für das spätere Leben stellen. Überzeugt davon, die Welt stehe einem offen, fingen alle gleichzeitig an, aus dem unbehauenen Holz ihres noch jungen Lebens durch eine Vielzahl von Entscheidungen und Entwicklungen ihre individuelle Biographie zu schnitzen. Schließlich, am Tag des Klassentreffens, kommen alle wieder zusammen, um die Ergebnisse zu betrachten, zu bewundern oder zu bedauern. Die Veränderungen nach innen und außen sind evident und die Neugier verlangt eine Antwort auf die alles beherrschende Frage: »Und, was machst du?«

Stellt man einem Mann diese Frage, meint man in erster Linie seine Arbeit, welche Ausbildung er absolviert und welchen Beruf er schließlich ergriffen hat, kurz: Man möchte wissen, was er ist. Glücklich kann sich derjenige schätzen, der eine blendende Karriere hingelegt hat und für sich sorgen kann. Die Frage nach einer möglichen Familie folgt meist im Anschluss, und wenn auch diese mit »Ja« beantwortet wird, sind die weiteren Auskünfte darüber, wo er lebt, ob er im eigenen Haus wohnt usw., Details – dieser Mann hat in jedem Fall seinen Weg gemacht.

Bei Frauen ist die Lage verzwickter, denn hinter der zum Teil gefürchteten Frage »Und, was machst du?« lauert natürlich eine weitere: »Hast du Kinder?« Wenn ja, dann gilt es, Auskunft darüber zu erteilen, wieviele es sind, und spätestens jetzt muss man aufpassen, dass man nicht vermintes Gelände betritt. Denn wenn eine Frau Kinder hat, dann verbietet es sich, im gleichen Atemzug weiterzufragen, ob sie denn auch einen Beruf habe. Die Gefahr, hier einen Fauxpas zu begehen, ist groß. Die Frau ist also Mutter und jeder weiß, mit Kindern braucht man nicht zwangsläufig aktiv einen Beruf auszuüben, weil das Sorgen für Kinder Aufgabe genug ist, zumindest vorübergehend. Man möchte dieser Frau trotzdem gerne ersparen, dass sie antwortet, sie sei »Hausfrau«. Schnell rettet man sich auf sicheres Gelände, geht chronologisch noch einen Schritt weiter zurück und erkundigt sich nach dem, was sie gelernt oder studiert hat, in der Hoffnung, hier auf unverfänglichere Themen zu stoßen.

Unkomplizierter ist sich die Lage, wenn eine Frau die Frage nach Kindern zwar positiv beantworten kann, doch gleich im Anschluss von ihrer beruflichen Tätigkeit zu berichten weiß. Glück gehabt, in diesem Fall ist zunächst kein Fettnäpfchen in Sicht! Alle können sich entspannen. Fürs Erste zumindest.

Warum fällt es nur so schwer, zu sagen, dass man derzeit keinen Beruf ausübt, weil man sich dafür entschieden hat, die Kleinen zu erziehen und den Haushalt zu führen? Man braucht eine gehörige Portion Selbstbewusstsein, um offenherzig zu sagen: Ich bin Mutter – Punkt. Nicht nur für die betroffene Frau und Mutter erweist sich die Situation als ungemütlich – meist fühlt sich auch der Gesprächspartner unbehaglich und die Unterhaltung gerät schnell ins Stocken.

Einen Beruf erlernt zu haben und auszuüben ist im Zuge der angestrebten Gleichberechtigung der Geschlechter auch für Frauen zur Norm geworden. In dieser Hinsicht unterscheiden sich weibliche und männliche Biographien nicht mehr sonderlich voneinander. Arbeitet jemand nicht im erlernten Beruf, fragen wir uns still und heimlich, wozu er/sie die Schulbank gedrückt, Abitur gemacht und am Ende sogar studiert hat. Einen Beruf zu haben und finanziell auf eigenen Füßen zu stehen, Eltern und Staat als Financiers hinter sich gelassen zu haben, das ist in unserer westlichen Gesellschaft der Lebensweg, der Ansehen und Anerkennung bringt und als normale Entwicklung hin zu einem erwachsenen Leben eingestuft wird.

Doch was passiert, wenn sich spätestens Ende dreißig Kinder einstellen?

Anders als Männer, die unverfänglich von Beruf und Kindern berichten können, ohne dass man sich dabei über die Frage der Vereinbarkeit Gedanken machen würde, hat es die berufstätige Mutter nicht ganz so leicht. Mit Männern kann sie getrost über ihre Arbeit und über all die Anstrengungen und Freuden, die mit ihr verbunden sind, reden. Sind ihre Gesprächspartner jedoch Frauen, so muss sie auf ihre Worte achten und sorgfältig überlegen, worauf sie beim Erzählen den Schwerpunkt legt. Müttern gegenüber hält sie sich mit beruflichen Details besser zurück und gibt nette Geschichten von den Kindern zum Besten – sie läuft sonst Gefahr, erklären zu müssen, wie sie Kinder und Job überhaupt vereinbart. Und gegenüber der kinderlosen Ex-Kameradin schwärmt sie klugerweise nicht allzu sehr von ihrem Leben mit den Kleinen – sonst riskiert sie, als berufstätige Frau nicht mehr allzu ernst genommen zu werden. Im Übrigen gebietet es der Anstand gegenüber der Kinderlosen, dass man sich mit der Nachfrage, warum sie denn keine Kinder habe, zurückhält. Denn wer kann schon erahnen, welche dramatischen oder weniger dramatischen Entscheidungskämpfe die kinderlose, aber beruflich erfolgreiche Schulkameradin mit sich hat ausfechten müssen, und wer weiß, ob sie auch wirklich mit sich im Reinen ist oder nicht doch einem – möglicherweise sogar aus gesundheitlichen Gründen – verpassten Lebenstraum vom Kind nachhängt.

Wenn Frauen miteinander sprechen, so ist jede gut beraten, sich rechtzeitig einen Überblick zu verschaffen, aus welchem Umfeld ihre Gesprächspartnerinnen kommen: Sind es berufstätige Mütter, kinderlose Karrierefrauen, Hausfrauen oder unfreiwillig Kinderlose, Mütter mit vielen Kindern oder Mütter mit nur einem Kind? Nicht selten kann man feststellen, dass eine Frau den Bericht über Kinder und Beruf ihrem Gegenüber anpasst, weil ein Gesprächsthema sich gegenüber dem einen Frauentyp schickt, gegenüber dem anderen jedoch nicht.

Das Klassentreffen ist wie ein kurzes Verweilen auf einer Insel im Fluss des Lebens. Wir legen an, blicken zurück und ziehen Bilanz – weniger für uns als für die Menschen, mit denen wir zur selben Zeit in die Welt der Erwachsenen aufgebrochen sind. Die Spielregeln auf dieser Insel, auf der wir uns für einige Stunden aufhalten können, um dann wieder flussab- oder -aufwärts zu schippern, sind erschreckend eindeutig: Die interessantesten Kameraden sind die, die nach den Kriterien unserer an wirtschaftlichem und materiellem Erfolg ausgerichteten Gesellschaft etwas vorzuweisen haben – etwa einen möglichst gut dotierten Beruf, der Selbständigkeit und den Erwerb von Gütern ermöglicht, nach dem Motto: Mein Haus, mein Auto, mein Garten. Oder wenigstens einen interessanten Beruf mit einem gehörigen Maß an Kreativität. Wer da nicht mithalten kann und sogar freimütig bekennt, Hausfrau und Mutter zu sein, muss damit rechnen, nicht zu den begehrtesten unter den Teilnehmern zu zählen.

Was ist eine »Hausfrau«? Vom Verlust des »richtigen« Lebensentwurfs

So ein Klassentreffen zeigt auf anschauliche Weise, dass Frauen, anders als Männer, über mehrere Optionen im Leben verfügen und unter diesen wählen können – und müssen. Anders als zu Zeiten unserer Großmütter gibt es kein automatisch »richtiges« Leben mehr, keinen konventionellen »guten« Weg, schreibt Susanne Gaschke. Der Weg, der uns heute nahegelegt wird, der Weg der erfolgreichen Karrierefrau, stößt sich permanent an den vielen Ecken und Kanten der Wirklichkeit. Die Folge sei, dass Unglück heute zum Frauenbild dazugehöre, so Gaschke. Das ist jedoch die Frage. Ist es wirklich Unglück, welches das moderne Frauenbild auszeichnet, oder nicht viel eher Streitsucht, gespeist aus Selbstzweifeln und Idealismus? Diese kommt jedenfalls unter Frauen in dem Moment auf, da sie mit dem Thema Mutterschaft, Kinder und/oder Beruf konfrontiert werden.

Diejenigen Frauen, die sich für eine Karriere ohne Kompromisse entschieden haben, lösen den Konflikt zwischen Mutterrolle und Karrierefrau, indem sie ganz auf Kinder verzichten. Andere, etwa jede dritte Frau mit Kleinkind, geben die Kinder in die Betreuung, gehen arbeiten und kämpfen an allen Fronten des schlechten Gewissens. Und die übrigen ziehen sich zeitweise oder ganz ins gesellschaftliche Off des Hausfrauendaseins zurück.[1]

Warum nur herrschen Streitsucht und Misstrauen zwischen den drei Gruppen? Warum sind die Fäuste geballt zu Angriff oder Verteidigung? Ist das nicht auch ein Unglück des modernen Frauenlebens?

Wie sich die Zersplitterung weiblicher Lebensentwürfe innerhalb einer Altersgeneration auswirkt, zeigt sich beispielsweise an der Selbstpräsentation, die ein Klassentreffen nun mal mit sich bringt – und an den Bezeichnungen, die Frauen einander zuweisen, in besonders drastischer Weise an dem schillernden Begriff »Hausfrau«.

Das Wort ist eine unzeitgemäße Bezeichnung aus längst vergangenen Tagen. Das wird deutlich an der Art und Weise, wie eine Vollzeitmutter sich windet, wenn sie bekennen soll, welchen Beruf sie konkret ausübt. Hausfrau und Mutter zu sein zählt nach sachgemäßer Einschätzung nicht als Beruf, weil dazu keine Ausbildung und keine nachzuweisenden Qualifikationen erforderlich sind und weil es keine Vergütung für diese Arbeit gibt. Es ist also keine Tätigkeit in der Kategorie der Berufe, sondern vielmehr eine Daseinsform, die im Vergleich zu einer Berufstätigkeit wenig Prestige besitzt. Erwachsene definieren sich über ihren Beruf, er ist vor allem für die flüchtige Charakterisierung und Einschätzung der Menschen untereinander wie eine Etikette: Der ist Elektriker, die ist Sprechstundenhilfe, der ist Apotheker, die ist Lehrerin. Was jemand ist, sagt – so möchten wir es jedenfalls gerne glauben – auch viel darüber aus, wer jemand ist. Doch was sagt eine Frau, die kurz- oder langfristig aus ihrem Beruf ausgestiegen ist, weil sie sich zu Hause um die Kinder kümmert? Das Wort »Hausfrau« wird ihr nur schwer über die Lippen kommen; es sagt nichts über den Beruf aus, den sie erlernt hat und den sie vielleicht auch gerne wieder aufnehmen möchte, wenn die Kinder in das Alter kommen, in dem sie einen Kindergartenplatz erhalten; es sagt nichts über sie als erwachsenen, denkenden, selbständigen Menschen. Und vor allem sagt die Bezeichnung »Hausfrau« nichts darüber, was im Moment für sie eigentlich von größter Bedeutung ist, nämlich die Erziehung ihrer Kinder. Es geht ihr ja nicht nur darum, das Haus zu wienern und zu putzen, zu kochen und Wäsche zu waschen – nein, auch der Lifestyle-Mutti, die die neuesten Rezepte der Trendmagazine kocht und das Heim in einen Ort gediegener Gemütlichkeit verwandelt, geht es doch in erster Linie um die ganz persönliche Fürsorge für ihre Kinder, weil sie davon überzeugt ist, dass die Kleinen so den bestmöglichen Start ins Leben erhalten. Die Mutterschaft wird somit zu einem neuen, *wirklichen* Beruf. Dennoch, als Berufstitel anzugeben, man sei Mutter, erscheint vielen Frauen als unzureichend, vor allem auf einer so heiklen Veranstaltung wie auf einem Klassentreffen. Denn Mutterschaft ist ein biologischer Zustand, den die berufstätige Mutter ebenfalls vorweisen kann, ohne ihn jedoch jemals mit ihrem aktiv ausgeübten Beruf gleichzusetzen. Und selbst wenn eine Vollzeitmutter im Stillen davon überzeugt ist, Mutter-Sein sei wie ein Beruf, dann ist sie klug beraten, in der Öffentlichkeit, vor allem in Anwesenheit vieler Berufstätiger, diese Überzeugung nicht allzu laut vor sich herzutragen. Vor allem unter berufstätigen Müttern herrscht eine misstrauische Abneigung gegenüber überzeugten Supermüttern mit Sendungsbewusstsein, die in ihnen im Handumdrehen das schlechte Gewissen wachrütteln, weil sie sich eben nur halb so viel und halb so engagiert um das Wohl der Kinder kümmern können.

Die Diskussion um die Vereinbarkeit von Familie und Beruf und der nicht mehr einheitliche Entwurf der weiblichen Biographie sorgen für Vergleich, für Konkurrenz, für Streit. Die widerstreitenden Gefühle weiblicher Biographien spiegeln sich auch in den Begriffen »Hausfrau«, »Karrierefrau«, »Vollzeitmutter«, »berufstätige Mutter« wider, die keinesfalls wertfrei sind, sondern vielmehr eine Wert- oder Geringschätzung transportieren. Sie dünken mitunter in ihrem Gebrauch politisch so inkorrekt wie »Putzfrau« für Reinigungsfachkraft oder »Bauer« für Landwirt.

Begriffliche Neufassung

In diesem Buch treten als Protagonistinnen, besser gesagt als Streiterinnen im weiblichen Boxring, alle obengenannten Frauentypen auf. Um sie nicht von vornherein mit Vorurteilen positiver oder negativer Art in Verbindung zu bringen, habe ich für dieses Buch eine begriffliche Neufassung vorgenommen.

Die sogenannte »Hausfrau«, also die Mutter ohne Beruf, häufig auch »Vollblutmutter« oder »Vollzeitmutter« genannt, wird nachfolgend als ***»Profimutter«*** bezeichnet. Diese Bezeichnung soll veranschaulichen, wie diese Frauen selbst ihre Prioritäten sehen: Sie sind Mütter, und das nicht nur nebenbei, sondern aus voller Überzeugung und im Bewusstsein, welche Bedeutung ihre mütterliche Arbeit für das Wohl des Kindes hat. Für sie steht es außer Frage, dass die Erziehung durch die Mutter eine existentielle Notwendigkeit ist, dass es für einige Jahre, bis zu einer gewissen Selbständigkeit der Kinder, keine Alternative gibt und dass zeitraubende berufliche Ambitionen im Widerspruch zur Aufgabe der Mutter stehen. Sie betreiben ihre Mutterschaft so professionell und ernsthaft wie andere ihren Beruf.

Mütter, die nach kurzer Babypause halb- oder ganztags ihren Beruf wieder aufnehmen, wollen wir hier als »***Teilzeitmütter***« bezeichnen. Mit diesem sachlichen Begriff soll auch von der stigmatisierenden Bezeichnung »Rabenmutter« weggeführt werden. Diese Frauen nehmen weitere Personen für die Betreuung der Kinder in die Verantwortung. Je nachdem, wie viel sie arbeiten, muss das Kind mit mehreren Bezugspersonen auskommen lernen. »Teilzeitmütter« widmen einen Teil des Tages ihrer Arbeit, den anderen Teil ihren Kindern. Wenn man so will, haben sie ihr Berufsleben aufgeteilt, denn Job und Kind erfordern beide ein hohes Maß an Ernsthaftigkeit und Verantwortung.

Bleibt noch, die sogenannte »Karrierefrau« neu zu betiteln. In diesem Wort schwingen ebenfalls eine Reihe negativer Attribute mit, wie Egoismus, Kälte, Hartherzigkeit, Selbstsucht. Männer wie Frauen vermuten hinter diesem Typ immer noch gerne die »Kampfemanze«, die zielstrebig ihren Weg geht, alles beiseiteschiebt, was karrierehinderlich sein könnte, und mit wachsamem Auge auf eine faktische Gleichberechtigung achtet. Sie soll für dieses – von Müttern handelnde – Buch die »***Kinderlose***« heißen, denn nicht nur in diesem Buch, sondern auch sonst oft, wenn diese Frau mit ihren Geschlechtsgenossinnen im Clinch liegt, dreht es sich um das Thema Mutterschaft, womit sie rein von ihrem biologischen Status her nicht aufwarten kann – und dennoch hat sie zu dem Thema einiges zu sagen.

Diese Suche nach neuen Bezeichnungen mag absurd erscheinen – vor allem, weil manche Frauen sich weder genau dem einen noch dem anderen Typ zuordnen lassen und von allen ein bisschen in sich vereinen –, doch sie ist nicht weniger absurd als die Situation selbst: Frauen diskriminieren sich gegenseitig, indem sie einander kategorisieren und indem sie den jeweils anderen Lebensentwurf ablehnen oder geringschätzen.

Auftritt der Giganten

Zwei Frauen begegnen sich auf einer Abendgesellschaft und werden von dem Ehemann der einen, einer jungen Frau mit offenem Haar im hübschen Kleid, miteinander bekannt gemacht. Die andere, Typ Karrierefrau, ohne Begleitung, im taillierten cremefarbenen Kostüm mit streng zurückgestecktem Blondschopf, brüstet sich mit ihren anspruchsvollen Managementaufgaben, bis sie sich herablässt zu fragen: »Und, was machen Sie so?« Die schüchterne Frau an der Seite ihres Mannes gerät zunächst ins Stocken. Sie weiß nicht so recht, was sie auf die unverblümte Frage antworten soll. Doch dann rafft sie sich selbstbewusst auf und antwortet in leicht schnippischem Tonfall: »Ich manage ein sehr erfolgreiches Kleinunternehmen mit drei Kindern, einem Mann und fünf Haustieren.«

Nehmen wir diese Szene einer TV-Werbung für einen Vorwerk-Staubsauger als Auftakt im Boxring der Gigantinnen. (Was das Streitgespräch der beiden Damen eigentlich mit dem Haushaltsgerät zu tun hat? Sicher wüssten beide damit umzugehen, doch bei der Karrierefrau tritt ja, außer ihr, eh keiner auf dem Teppich herum, der Staubsauger ist demnach viel nützlicher in einem professionell geführten Familienunternehmen mit vielen Teppichbeschmutzern.)

Wer bislang das streitsüchtige Klima unter Frauen geleugnet hat, dem müssten spätestens bei diesem Werbespot die Augen aufgehen. Hier stehen zwei Frauen im Boxring, die ihr Leben verteidigen müssen: Die sexlose Karrierefrau ohne Begleitung – der Spot suggeriert zweifellos, dass sie natürlich keinen Mann und erst recht kein Kind hat. Ihre herablassend arrogante Art lässt darauf schließen, dass sie frustriert und einsam ist und ihre Karriere um den Preis des Verzichts auf eine eigene Familie erworben hat.

Ist die Hausfrau und Mutter, die ohnehin viel netter aussieht, da nicht viel besser dran? Vordergründig ja, und ihr Mann steht ja auch schützend an ihrer Seite. Aber wenn sie so zufrieden ist mit sich und der Welt, warum hat sie es dann nötig, aus ihrem Haus, ihren Kindern und dem Kleinzoo ein »Wirtschaftsunternehmen« zu kreieren? Doch nur, weil auch ihr Selbstbewusstsein nach Anerkennung verlangt. Doch wer soll sie ihr geben? Die Karrierefrau? Wohl kaum – allenfalls ist sie neidisch, dass die Familienfrau weniger einsam ist als sie. Der Ehemann? Schon eher. Immerhin blamiert er sich nicht vor seinen Geschäftspartnern mit einer so schlagfertigen Gattin an seiner Seite.

Es wäre interessant zu erfahren, wer die Werbung gemacht hat, Männer oder Frauen, denn es ist offensichtlich, wem die Sympathien zufliegen. Vermutlich glauben die Werber und Texter, den Profimüttern einen großen Gefallen zu tun, wenn sie ihnen höchste Managerqualitäten zusprechen und dadurch ihr hausbackenes Image wegretuschieren. Doch zerschlägt der Zynismus, der hinter der Geschichte steht, am Ende alle guten Bemühungen: Als Prämie für die »Management-Leistung« gibt es nichts anderes als einen Staubsauger – immerhin ein echtes Profigerät.

Diese Werbung bringt die Konkurrenzsituation der Frauen untereinander anschaulich auf den Punkt. Nicht die Welten von Mann und Frau prallen aufeinander, sondern die Frauenwelt selbst ist eine zerstrittene Zweiklassengesellschaft, die wir doch längst überwunden zu haben glaubten. Und die Männer sind fein raus und stehen unschuldig daneben. Ja mehr noch: Die typisch männliche Reduktion der Frauenwelt auf einsame Karrierefrauen einerseits und Muttis andererseits wird wiederhergestellt, die Errungenschaften der Frauenbewegung nach 68 erscheinen als Schnee von gestern.[2]

Doch nun – Vorhang auf für den Einzug der Giganten:

Die Profimutter

Die Profimutter gehört zur Erbmasse der alten Bundesrepublik. Dort galt sie als Prototyp, und auch heute noch ist sie für viele der Mercedes unter den Müttern. Und wer steht auf Mercedes? Richtig, vor allem Männer. Für die Profimutter gilt es als ausgemachte Sache, dass diejenige, die die Kinder bekommt, sich auch um sie kümmert und die Verantwortung für sie übernimmt. Andere Dinge, wie zum Beispiel berufliche Ambitionen, die sich vor die Bedürfnisse der Kinder schieben könnten, müssen infolgedessen aufgegeben oder für unbestimmte Zeit verschoben werden. Es ist ihr eine Selbstverständlichkeit, dass man sie nach der Geburt des Kindes auf längere Zeit mit Kinderwagen antrifft und nicht mehr an ihrer Arbeitsstelle.

Das Profimutter-Modell ist immer noch das häufigste, wenn eine Familie gegründet wird. Es gilt als Normalität, weil es sich in Westdeutschland bewährt und sich wie ein Naturgesetz tief in den Köpfen der Menschen festgesetzt hat. Fast alle erwachsenen Deutschen (West) sind von ihren Müttern erzogen worden, und wir glauben folglich, dass das auch so sein muss. Das Modell der ehemaligen DDR mit früher Rundumbetreuung und mehrheitlich berufstätigen Müttern ist seit der Wende verlorengegangen und wird erst jetzt wieder in mühsamen kleinen Schritten zurückerobert – wenn auch unter anderen Bedingungen.

Profimütter betrachten es als Ausdruck weiblicher Maßlosigkeit, wenn eine Frau meint, dem unweigerlichen Entweder-Oder entfliehen zu können. Ein Kind fordert die Mutter ganz, und erst recht tun das mehrere Kinder. Auf ihre individuellen Bedürfnisse eingehen, ihre einzigartigen Veranlagungen erkennen und fördern, das kann nur die Mutter selbst – so die feste Überzeugung der Profimutter. Nur sie kennt ihre Kinder wirklich und weiß, was sie benötigen. Aber nicht nur das – angesichts der Vielzahl an Lebensentwürfen und Wertvorstellungen möchte eine Mutter ihre Kinder auch in ihrem Sinn erziehen und in die Welt einführen. Das wird ihr nur gelingen, wenn sie sich persönlich darum kümmert und die Erziehung zur Chefsache erklärt.

Nicht immer sind es hochtrabende ideologische Überzeugungen, weshalb Mütter das Kapitel »Selbstverwirklichung« auf Eis legen und sich lange Zeit ausschließlich um ihre Kinder kümmern. Oft gestaltet sich die Familienorganisation wesentlich banaler: Es gibt keine andere Form der Kinderbetreuung, der

Vater ist nicht einzuspannen und hat den besser bezahlten Job, Oma und Opa sind nicht verfügbar, eine Kinderfrau nicht finanzierbar und die Krippenplätze in der näheren Umgebung sind alle vergeben und haben lange Wartelisten. So gesehen besteht eigentlich kein Grund für Eva Hermans Sorge, Frauen würden sich zu wenig zu ihrer Weiblichkeit bekennen. Wenn Weiblichkeit gleich Mütterlichkeit ist, dann bekennen sich zumindest die Frauen, die Kinder bekommen, in diesem Land genug.

Die Konsequenzen, die sich für Profimütter ergeben, sind allerdings für alle dieselben – ganz gleich, ob sie sich aus voller Überzeugung oder aus Mangel an Alternativen in ihre Mutterrolle stürzen. Zum einen ist da die Abhängigkeit: Die Profimutterrolle setzt einen verdienenden Partner voraus, der die alleinige Finanzierung der Familie trägt. Zweitens das Risiko, ohne eigenes Einkommen dazustehen, wenn die Ehe oder Partnerschaft nicht hält. Drittens die oft problematische Rückkehr in den Beruf nach Ablauf der Auszeit. Im Gegenzug erhält die Profimutter die vorübergehende Befreiung vom Leistungsdruck der lebenslangen Berufstätigkeit, unter dem männliche Biographien zumeist stehen.

Ob die Erziehungsphase nun als Pause oder als alternative Berufstätigkeit angesehen wird, viele Mütter orientieren sich nach dieser Zeit völlig neu. Das kann Gewinn, aber auch Verlust bedeuten, in jedem Fall ist es ein Einschnitt mit Folgen.

Wenn Profimütter auf einem Klassentreffen mit ihrem Lebensmodell nicht unbedingt punkten können – unter Müttern treten sie umso selbstbewusster auf und sind absolut überzeugt, dass ihr Lebensentwurf der einzig wahre ist, wenn man sich für Kinder entschieden hat. Um das nach außen hin auch immer wieder deutlich zu machen, lassen sie keine Gelegenheit aus, Geschichten von ihren Kindern zu erzählen, die als getarnter Beweis ihrer erfolgreichen Erziehungsarbeit dienen sollen.

Ihren Beruf geben sie, wenn nicht mit »Hausfrau«, mit »Familienfrau« an – und vergessen bisweilen, dass eine berufstätige Mutter ebenfalls eine Familie und einen Haushalt hat.

Mit der moralischen Unterstützung der Gesellschaft können

Profimütter in jedem Fall rechnen. Auch die Familienpolitik in diesem Land vertraute jahrzehntelang auf ihr uneingeschränktes Engagement. Trotz dieses moralisch hohen Ansehens gibt es jedoch Zweiflerinnen unter den Profimüttern, bei denen sich immer wieder ein quälendes Gefühl der Unzufriedenheit breitmacht. Selbstzweifel und die Angst davor, beruflich den Anschluss zu verlieren, kratzen am sauberen Selbstbild der Idealmutter. Die zweifelnden Profimütter kämpfen vergeblich gegen ihr schlechtes Image an. An ihnen zeigt sich auch das heuchlerische Gesicht unserer Gesellschaft: Man will sie als verlässliches Modell, aber die Anerkennung, die ihrer Arbeit zuteil wird, beschränkt sich auf einige lobende Worte. Diese Frauen erfahren keine soziale Wertschätzung für eine verdienstvolle Tätigkeit – dafür, dass sie zum Nutzen der Gesellschaft aus dem Beruf aussteigen, um Kinder zu versorgen und großzuziehen. Immerhin bekommen Eltern in Deutschland Elterngeld, um in der beruflichen Auszeit den Ausfall des Gehalts für eine Weile zu kompensieren. Bezeichnend ist in diesem Zusammenhang der veraltete Begriff vom »Erziehungsurlaub« für die Elternzeit, eine Phase, in der meist die Mütter von den Macht- und Gestaltungszentren der Gesellschaft fernbleiben, um erst nach Jahren wieder zu den ernsten und eigentlichen Dingen des Lebens zurückzukehren, zur Arbeit. Ob »Pause«, »Urlaub« oder »Auszeit« – die Mutterschaft ist schon qua Benennung mit wenig Prestige verbunden.

Um ihr chronisch angeschlagenes Selbstwertgefühl aufzupäppeln, investieren die Profimütter viel Energie in ihre Überzeugungen und den Glauben, dass sich ihr Lebenskonzept wenigstens für die Kinder auszahlt. Profimütter bedauern gerne die Kinder der Berufstätigen, die nicht über eine präsente Mutter verfügen, die schon früh mit der Härte des Lebens wie Stress, Hektik, Funktionieren-Müssen konfrontiert werden und die einem Milieu ausgesetzt sind, das in den Augen der Profimutter den kindlichen Interessen komplett entgegensteht: den Masseneinrichtungen Krippe, Ganztagskindergarten und Hort.

Die Teilzeitmutter

Auf diese Einrichtungen sind Mütter mit Beruf existentiell angewiesen, wenn sie nicht über einen Hausmann verfügen, oder eine Schwiegermutter oder Mutter rund um die Uhr die geforderte Nestwärme für die Kleinen bieten können.

Den misslichen Umstand, dass sie ihre Kinder »weggeben« (klingt das nur zufällig nach »aussetzen«?), um arbeiten zu können, rechtfertigen Teilzeitmütter damit, dass sie ihre berufliche Biographie fortsetzen müssen – aus welchen Gründen auch immer. Sie sind davon überzeugt, dass Frauen ein Recht auf Kind *und* Beruf haben, schließlich müssen sich Männer auch nicht zwischen beidem entscheiden; diese feministische Errungenschaft haben jene Frauen selbstverständlich verinnerlicht. Doch müssen sie sich dieses Recht teuer erkaufen: Zum einen ist Kinderbetreuung immer noch eine kostspielige Angelegenheit für die Familie, außerdem ist es in aller Regel Aufgabe der Frau, die raren Betreuungsmöglichkeiten für ihre Kinder zu sichten und zu organisieren. Und ganz gleich, wie groß die Unwägbarkeiten sind, die ihr das Leben erschweren: Ihrem Arbeitgeber hat die Teilzeitmutter uneingeschränkt zur Verfügung zu stehen. Unregelmäßige Öffnungszeiten von Kitas oder Schule, Krankheiten von Kindern oder Tagesmüttern interessieren den Chef oder die Chefin nur selten, und auch der vollzeitarbeitende Partner kann (oder will) oft nicht einspringen. Der Arbeitsmarkt ist auf flexible, belastbare Kräfte zugeschnitten, über die frei verfügt werden kann. Da Kinder zum Privatleben gezählt werden, spielen Kinderbetreuungsfragen in der Arbeitswelt keine Rolle, ja sie stehen häufig geradezu im Widerspruch zum Berufsleben, und beide Welten sind streng voneinander getrennt. Männliche Vorgesetzte legen Besprechungen gerne auf 17 Uhr – eine Zeit, die Mütter regelmäßig in die Bredouille bringt. Chefs tun dies meist nicht, um arbeitenden Müttern bewusst zu schaden, es ist eher ein Zeichen fehlender Sensibilität für die Bedürfnisse von Teilzeitmüttern, weil sie deren Sorgen und Nöte aus eigener Erfahrung kaum kennen. Von Seiten ihrer kinderlosen Kolleginnen allerdings verspüren Teilzeitmütter häufig eine gewisse Herablassung und wenig solidarische Hilfsbereitschaft, wenn die weibliche Kollegin mit Kind durch rücksichtslose Terminpläne ins Schleudern gerät. Die begrenzte Verfügbarkeit von Müttern gilt den Kinderlosen als Beweis dafür, dass Beruf und Kinder sich eben doch ausschließen und Mütter niemals vollwertige Arbeitskräfte sein können.

Die berufstätige Teilzeitmutter lebt oft am Rande der Erschöpfung und kämpft immer wieder gegen das zermürbende Gefühl, an allen Fronten nur Ungenügendes zustandezubringen. Wie effektiv sie auch ihre Arbeit zu bewältigen versucht – sie muss pünktlich Feierabend machen und den vorwurfsvollen Blicken der kinderlosen Kolleginnen ausweichen, denn schon ruft die nächste Pflicht. Die Kinder warten in ihren Betreuungseinrichtungen, und für den Rest des Tages heißt es, das an Mütterarbeit wieder hereinzuholen, was ihnen die Profimütter schon um einige Stunden des Tages voraushaben.

Auch wenn sich das Klima für berufstätige Mütter wesentlich verbessert hat, weil es heute mehr sind als früher und man nicht mehr schamlos mit dem Finger auf sie zeigt – sie gilt, vor allem im Vergleich zur Profimutter mit geregelter Auszeit oder einem strikt an die Bedürfnisse der Kinder angepassten Mini-Job – doch immer noch als moralisch minderwertiger. Man kann es drehen und wenden, wie man will: Noch immer verkörpert sie das klassische Bild der Rabenmutter, denn sie bringt es wie die böse Stiefmutter von Hänsel und Gretel fertig, die Kinder fortzuschicken; zwar nicht in den finsteren Hexenwald, aber in eine Krippe oder in einen Hort, während die Kinder der guten Profimütter zum Mittagessen heimkehren dürfen.

Wie kann die Teilzeitmutter nur diesem üblen Ruf entgehen? Indem sie von den Zwängen spricht, die sie zur Arbeit treiben, weil ihr Job keine längere Auszeit duldet? Oder – das zieht immer noch am besten – indem sie beteuert, dass ein Gehalt allein zum Leben leider nicht ausreiche? Dieses Argument genügt in aller Regel, um weitere lästige Nachfragen abzuwimmeln. Mit Teilzeitmüttern, die arbeiten *müssen* – auch die gibt es natürlich und nicht zu knapp –, hat selbst die Profimutter Mitleid. Sie unterstellt gern, dass jede Mutter, hätte sie die Wahl, natürlich viel lieber zu Hause bei ihren Kindern bliebe. In diesem Zusammenhang wird die Profimutter nicht müde, ihr großes Glück zu betonen, dass sie stets bei ihren Kindern sein darf und die Erziehung selbst übernehmen kann.

Die *alleinerziehende Teilzeitmutter* genießt in der Bewertung einen gewissen Schutz. Man sieht ein, dass sie arbeiten gehen *muss*; es liegt in der Natur der Sache, deshalb hat sie auch Vorrang bei der Vergabe der wenigen Krippenplätze. Diese Schrumpffamilie gilt ohnehin als das schlechteste Modell, da gibt es nichts zu beschönigen – aber auch nichts unnötig zu kritisieren, das wäre gemein.

Schwierig ist es, wenn Teilzeitmütter, vor allem wenn sie mehr als ein Kind haben, davon schwärmen, wie sehr sie in ihrem Beruf aufgehen. Unter Gleichgesinnten können sie dies ungeniert tun, gegenüber Profimüttern unterlassen sie es jedoch wohlweislich. Zu groß ist die Gefahr, dass man ihnen Arroganz unterstellt. Und Arroganz gilt den Profimüttern als unerhörter Ausdruck von Selbstbewusstsein, Arroganz bohrt sich ihnen wie ein giftiger Stachel ins Fleisch und lässt ihre mühselig verborgenen Minderwertigkeitskomplexe wieder aufbrechen.

Die Kinderlose

Man könnte annehmen, von all den bedauerlichen Folgeerscheinungen, die die lieben Kleinen mit sich bringen, bleibe die Kinderlose verschont. Doch so einfach ist die Sache nicht.

Die Kinderlose kommt früher oder später an den Punkt, an dem sie sich entscheiden muss: Will ich Kinder oder nicht? Bisweilen zieht sich diese Entscheidungsphase über Jahre hin und muss punktuell immer wieder neu entschieden werden. Somit muss sich auch die Kinderlose am Thema Mutterschaft abarbeiten und Position beziehen. Hinzu kommt, dass Weiblichkeit eng an die Mütterlichkeit geknüpft ist, weil Mütterlichkeit ein originär weibliches Wesensmerkmal ist und durchaus als Messlatte des ewig Weiblichen angesehen wird. Erst in der Mutterschaft erlebt sich eine Frau in ihrer vollkommenen Weiblichkeit. Suggeriert die Vorwerk-Staubsaugerwerbung nicht auch diesen hintergründigen Gedanken?

Auch wenn die Kinderlose eine eindeutige Entscheidung getroffen hat, nämlich gegen Kinder (die unfreiwillig Kinderlosen seien hier gänzlich ausgenommen), so ist nicht ausgeschlossen, dass sie immer wieder von Zweifeln geplagt wird, ob ihre Entscheidung richtig war, ob ein Leben ohne Kinder nicht doch ein zu hoher Preis sei für ein unbeschwertes Dasein. Die Abneigung gegen Frauen mit Kindern, nach dem Motto: »Gott sei Dank muss ich mir nicht die Zeit mit solch quälenden Krachmachern um die Ohren schlagen und kann mein Leben genießen« kann vieles kompensieren und eine beruhigende Wirkung entfalten. Nicht selten scheint ein solcher Gedanke auf der Stirn einer Kinderlosen zu stehen, wenn sie im Bistro sitzt, an ihrem Prosecco nippt und angewidert einen Blick auf die Mütter wirft, die ihre Babys im Kinderwagen mit Breichen füttern und darüber den ihren Caffè latte kalt werden lassen.

Warum sich in Deutschland so viele Frauen entscheiden, kinderlos zu bleiben, wird von der Sozialwissenschaft immer wieder genauestens unter die Lupe genommen. Wenn nicht gerade der fehlende bzw. kindermuffelige Partner oder blanke Existenzangst als Ursache genannt werden, kann man meist feststellen, dass immer mehr Frauen keine Kinder oder lediglich ein Kind bekommen – und das häufig sehr spät –, weil sie gar nicht erst einen Einschnitt in ihrem Job erleiden möchten, oder weil ihnen die Aufgabe, Kind und Job unter einen Hut zu bekommen, als zu anstrengend erscheint. Sie sehen den Stress der arbeitenden Mütter, die schlechte Betreuungssituation für die Kleinsten, sie sehen die Probleme bei den Schulkindern und sie beobachten auch, dass Karrieremütter immer noch wenig Akzeptanz finden. Als Rabenmutter möchte niemand verschrien werden, da lassen viele lieber gleich die Finger von dem heiklen Thema Mutterschaft.

Auch Susanne Gaschke äußert die Vermutung, dass sich gerade gut ausgebildete Frauen zwischen zwanzig und vierzig, die auf beruflichen Erfolg programmiert sind, aus Angst vor dem Rabenmütter-Konflikt gegen die Fortpflanzung entscheiden.[3]

Wenn dem so wäre, dann irren sich Frank Schirrmacher und Ex-Tagesschausprecherin Eva Herman, wenn sie behaupten, dass der Feminismus die Frauen verdorben habe und von ihrer Gebäraufgabe abhalte. Es scheint eher, dass Frauen wissen, dass sie mit Kindern unweigerlich in die Bredouille geraten. Sie glauben, dass sie als Mutter ein bestimmtes Lebensmodell annehmen müssten, dessen Aussichten sie aber nicht reizen oder verlocken. Sie sehen, wie aus der einst unternehmungslustigen Freundin, die stets zielstrebig ihren beruflichen Weg verfolgte, eine überzeugte Tupperware-Mutti geworden ist, die sich ebenso professionell in die Kinderaufzucht stürzt wie zuvor in ihre Büroarbeit und die sich in so sonderbarer Weise verändert hat, dass die Gemeinsamkeiten von einst kaum mehr auszumachen sind. Die kinderlose Freundin ahnt, dass man mit einem Baby die Welten wechselt, und sie kann sich nicht vorstellen, dass es auch anders gehen könnte, weil sie an ihrer Mutter und an allen Freundinnen mit Kind sieht, dass mit Kind nichts mehr so ist, wie es war. Wer Angst vor diesem Weltenwechsel hat, der schiebt das Kinderkriegen entweder ewig lang vor sich her oder verwirft es gleich ganz. Es sind also nicht *nur* äußere Gründe, wie fehlende Betreuungsplätze, die Frauen davon abhalten, eine Familie zu gründen. Die Freundin, die plötzlich nur noch »Kinder, Kinder und Kinder« im Kopf hat, steht bei der Kinderlosen im Verdacht, über all den Windeln und Sorgen ums Kind geistig zurückzubleiben.

Mit ihrer Entscheidung gegen Familie hat es die Kinderlose keineswegs leicht. Wie man an der Vorwerk-Staubsaugerwerbung exemplarisch sehen kann, rangiert die kinderlose Frau, zumal wenn sie beruflich erfolgreich ist, auf gleicher Ebene wie ein berufstätiger Mann und genießt ebensolches Ansehen. Doch ist die Kinderlosigkeit ein nicht zu übersehender Fleck auf ihrer cremefarbenen Kostümjacke. Ihr wird unterstellt, egoistisch, hartherzig, karriere- und konsumsüchtig zu sein. Mit solchen negativen Attributen muss sich ein Karrieremann, wenn er Kinder hat, nicht herumschlagen. Zwar kümmert er sich nicht um die lieben Kleinen, aber er hat wenigstens welche; das macht ihn menschlicher und sympathischer als die Karrierefrau ohne Kinder. Gerne will man bei der Kinderlosen einen klammheimlichen Neid erkennen, den sie Müttern gegenüber hegt. Und in der Tat kann es für die Kinderlose zum Problem werden, wenn die Teilzeitmutterkollegin neben Büro und Kollegen noch über ein erfülltes Gefühlsleben verfügt. Wenn die Mutterkollegin es schafft, mit einer gehörigen Portion Energie Job und Kind zu vereinbaren und den Chef mit ihren Leistungen zufriedenzustellen, dann fällt es bisweilen schwer, ihr so viel Dynamik und innere Zufriedenheit zu gönnen.

Die späte Mutter

Es gibt heute viele Frauen, die erst spät Mutter werden, weil sie viel Zeit in die Ausbildung und den Aufbau ihrer Berufstätigkeit investiert haben. Wenn sie sich dann für ein Kind entscheiden, ist die Geburt häufig eine wahre Kopfgeburt, an die viele Wünsche und Erwartungen – an sich selbst und an den Nachwuchs – geknüpft sind. Ein Kind zu bekommen ist kein sich ergebender Schritt in der Biographie der Frau, sondern als bewusste und geplante Entscheidung ein Teil ihres Individualisierungsprozesses. Gerade für beruflich erfolgreiche Frauen in reifem Alter ist das Kinderkriegen eine Möglichkeit, eine zusätzliche Erfahrung als Frau zu machen – und es bedeutet zugleich die Herausforderung, auch hier alles im Griff zu haben. Späte Mütter kehren meist, früher oder später, in ihren Beruf zurück, doch eine Zeitlang betreiben sie die Mutterschaft so engagiert wie einst ihren Job. Sie wechseln von der damaligen Personalabteilung in die Kinderstube, um zwischen zeternden und kreischenden Kleinkindern ein pädagogisch hochwertiges Schlichtungsverfahren durchzuführen wie vormals seriöse Mitarbeitergespräche.

Vom Leben mit einem Kind erhoffen die späten Mütter sich einen neuen Lebensinhalt, einen tieferen Sinn, der ihrem Leben bis dato fehlte. Die Gefahr ist dabei groß, dass die Mutterschaft als das absolut Gute, Liebevolle und Beständige im unbedingten Kontrast zu der in der Berufswelt erfahrenen Kälte und Härte stehen soll. Aus einer übergroßen Sehnsucht nach verbindlichen Beziehungen sehen sie in Kindern Garanten für eine lebenslange Bindung. Diese Mütter bemühen sich mehr als andere, alles richtig zu machen, damit aus dem kalkulierten Projekt Kind auch ein Erfolg wird. Die späten Mütter sind dankbare Abnehmer von Ratgeber- und Erziehungsliteratur, sie scheuen keine Mühen, alles Wissen rund um Kinder in Erfahrung zu bringen, sie machen sich Gedanken über allergiefreie Bettwäsche, glutenfreie Ernährung, über pädagogisch anregendes Spielzeug und legen sich ins Zeug, wenn es um die optimale Ausbildung und Erziehung ihrer Kinder geht. Nicht selten wird ihnen die Mutterrolle zum unermüdlich rotierenden Hamsterrad, weil es immer wieder etwas Neues gibt, mit dem sie ihre Kinder fördern und fürs Leben fit machen können. Vielleicht ist es ja gar nicht mal ironisch gemeint, wenn die Vorwerk-Staubsaugermutter ihre Familie mit einem Miniunternehmen vergleicht, denn häufig betreiben die reifen, gebildeten und ehemals berufstätigen Frauen die Erziehung ihrer Kinder so verbissen, als wollten sie »einen Konzern für den Börsengang fitmachen«, wie Anke Richter einmal schrieb.[4]

In allen Mütterfraktionen geben sehr oft die späten, sehr bewussten Mütter den Ton an in Sachen Mutterschaft. Sie sind qualifiziert in allen Belangen und von manch weniger bewanderten Mutter gefürchtet. Sie sind im Bilde über die beste Ernährung, über alle frühkindlichen Kurse mit der höchsten kognitiven Stimulierung, sie wissen alles rund ums Stillen und schütteln den Kopf, wenn eine ihrem Kind ganz unbedarft die Flasche gibt oder nicht den neuesten Bericht der Stiftung Warentest kennt, der das Vergiftungspotential der diversen Schnullermarken zum Thema hat. Sie betreiben die Mutterschaft als Kult – und schrauben so das Ideal der »guten« Mutter, an dem sich alle anderen hilflos abstrampeln, munter weiter in die Höhe.

Man fragt sich, warum sie ihren beruflichen Perfektionismus ausgerechnet in die von Emotionen beherrschte Kinderstube übertragen und dort mit ähnlicher Professionalität und organisatorischem Supertalent zu Werke gehen. Kann es sein, dass der eklatante Bruch zu ihrem vorherigen beruflichen Erwachsenendasein zu groß ist und sie die latent vorhandene geistige Unterforderung dadurch wettzumachen versuchen, dass sie Babypflege und Erziehung nahezu wissenschaftlich betreiben? Vielleicht steckt aber auch der Ehrgeiz dahinter, dem Chaos der Baby- und Kinderwelt mit dem Erfolgsrezept von Machbarkeit und Organisation zu Leibe zu rücken, wie sie es als beruflich erfolgreiche Frauen gewohnt sind. Und wenn der Ratgeber vorgibt, dass besonders das Wickeln alle Sinne des Babys anspreche, so gerät selbst der Wechsel einer vollen Windel zur kleinen Lernstunde und verliert an Banalität und Langeweile.

Die beliebtesten Kinnhaken

Wenn Frauen sich gegenseitig das Leben zur Hölle machen, so geht es in aller Regel um die Mutterschaft. Und natürlich sind es Mütter, die sich dabei am leidenschaftlichsten ins Zeug legen. Der Stoff, aus dem die verbalen Kinnhaken geformt werden, sind vermeintliche Wahrheiten, die mit voller Überzeugung kundgetan werden. Sie sollen manifestieren, wie Mutterschaft am besten gelingen kann. Betrachtet man diese Wahrheiten genauer, so erweisen sie sich häufig als windschiefe Gedankengebäude, die kaum einer ernstzunehmenden Analyse oder gar einer empirischen Studie standhalten können.

»Was, so viele Kinder? Meine Güte, denen kann man doch gar nicht allen gerecht werden!«

Hakeleien zwischen Einzelkindmüttern und Müttern mit vielen Kindern gehören zwar immer noch zu den harmlosesten, dennoch hat man den Eindruck, dass beide Fraktionen klar konkurrierenden Boxteams angehören und sich im Streitfall sofort solidarisch mit ihrem jeweiligen Team verbünden.

»So viele Kinder?!« Die Einzelkindmutter muss sich alle Mühe geben, das Entsetzen in ihrer Stimme im Zaum zu halten. Geburtenkontrolle ist ihr ein absolutes Muss, und die Tatsache, dass jemand freiwillig vier oder mehr Kinder bekommt, hat für sie etwas Animalisches, ja Schamloses. Es übersteigt auch ihr an Kontrolle geschultes Vorstellungsvermögen, dass man so viele Kinder überhaupt bändigen könne, und sie geht davon aus, dass die Kinder in einer vielköpfigen Familie zwangsläufig zu kurz kommen. Niemals könnten sie individuell gefördert werden, worauf ein Kind jedoch ein Anrecht habe. Eine Mutter mit einem Stall voller Kinder kann sie sich nur chronisch erschöpft vorstellen, zu müde und ausgebrannt, um den Bedürfnissen der Kinder gerecht werden zu können. Das Leben in einer Großfamilie verbindet die Einzelkindmutter mit schrecklichem Chaos. Natürlich, die Kinder könnten sich viel miteinander beschäftigen, weil immer ein Spielkamerad zur Verfügung stehe, von dem man sich sogar Dinge abgucken könne – doch das alles ist kein wirklicher Ersatz für eine verantwortungsvolle, auf Förderung zielende Erziehung. Zimperlich darf eine Mehrfachmutter wahrlich nicht sein. Mit Unverständnis und nur dezent getarntem Hohn muss sie rechnen, auch, weil ihr das Vorurteil anhaftet, Geist und Esprit seien ihr vom unaufhörlichen Kindergebrüll schlicht weggepustet worden.

Umgekehrt ergeht es der Einzelkindmutter in der kritischen Beurteilung durch die Mehrfachmutter auch nicht besser. Sie steht im Verdacht, ein hochgezüchtetes Prinzchen oder Prinzesschen in die Welt zu entlassen. Man bedauert das einsame Kindsgeschöpf, das zum glorifizierten Augapfel erwartungsvoller Eltern avanciert, und geht selbstverständlich davon aus, dass so viel Aufmerksamkeit einem Kind nur schaden könne. Das Einzelkind gilt Großfamilienmüttern als verwöhnter Fratz und muss bedauerlicherweise auf das bullerbümäßige Ambiente einer kinderreichen Familie verzichten. Eine Mutter, die sich bewusst für nur ein Kind entschieden hat, muss sich vorwerfen lassen, egoistisch oder gar faul und lebensängstlich zu sein, denn sie scheut die Mehrarbeit und Belastung durch mehrere Kinder, und das auf Kosten ihres einen Kindes, das nun in Stille und Überprotektion aufwachsen muss.

»Ich bekomme doch kein Kind, um es den ganzen Tag abzuschieben. Eine Frau muss eben bereit sein, ein Stück weit auf den Beruf zu verzichten, sonst sollte sie besser gar nicht erst Mutter werden, dazu wird schließlich niemand gezwungen.«

Weitaus mehr Schärfe und Brisanz hat der ewige Streit zwischen Profimüttern und Teilzeitmüttern – also die Auseinandersetzung zwischen der »guten« Mutter und der Rabenmutter.

»Ich bekomme doch kein Kind, um es den ganzen Tag abzuschieben!« Dieser Kinnhaken gehört zu den klassischen Angriffs- oder Verteidigungsschlägen der Profimütter gegen ihre schlimmsten Konkurrentinnen in Sachen Lebenskonzept.

Vollzeitmütter scheuen sich nicht, berufstätigen Müttern moralische Vorwürfe zu machen. Sie bedauern zwar die Mütter, die aus finanziellen Gründen arbeiten *müssen* und deshalb ihre Kinder in Ganztagseinrichtungen stecken oder einer Ersatzbetreuung überlassen; die Frauen aber, die es ohne sichtbaren ökonomischen Zwang tun, werden schnell als selbstsüchtig verurteilt. Selbstsucht und Egoismus sind im Zusammenhang mit Mutterschaft brisante Vorwürfe – stehen diese Eigenschaften doch in Opposition zur Mütterlichkeit.

Auch ich musste mich von einer überzeugten Profimutter einmal fragen lassen, warum ich denn vier Kinder habe, wenn mir der Beruf so wichtig sei. Natürlich fiel mir in dem Moment keine passende Antwort ein, das ist ja das Tückische an den weiblichen Kinnhaken, sie kommen unverhofft und schnell. Doch habe ich mich hinterher gefragt, worin denn eigentlich das Problem liege? Geht es darum, dass meine Berufstätigkeit zu Lasten meiner Kinder gehe? Nun, das kann man selbst nur schwer beurteilen, doch hätte ein objektiver Qualitätsvergleich zwischen ihren Kindern und meinen vermutlich keine großen Unterschiede ergeben. Geht es um meine Maßlosigkeit, nicht allein in der Kinderschar mein

Lebensglück zu erkennen? Das mag stimmen, denn in der Tat ist es so, dass nur beides, Kinder und Beruf, für mich ein abgerundetes Leben ausmachen, das mir – neben all der Anstrengung – Glück und Zufriedenheit verheißt. Ich ahne jedoch, dass der Vorwurf noch weiter zielt: Er insinuiert, dass jemand, der neben den Kindern auch den Beruf als Lebensinhalt braucht, letztlich am Ende immer unglücklich sein wird. Hier liegt also das eigentliche Problem: Mütter, die arbeiten wollen, sind schädlich für die Kinder, weil sie in der Tiefe ihres Herzens unglücklich sind und lieber arbeiten möchten als Kinder zu erziehen. Das unantastbare Grundrecht für Kinder aber lautet, über eine glückliche, einfühlsame Mutter zu verfügen, die in der Mutterrolle aufgeht.

Dieser Zwist zeigt exemplarisch, wie sinnlos es ist, wenn Frauen sich gegenseitig ihre Lebensmodelle madig machen, denn das Lebensglück der einen ist nun mal nicht das Lebensglück der anderen.

Was steckt hinter den Kinnhaken?

Wenn es um das Phänomen Mutterschaft geht, gelingt es Frauen nicht, tolerant und respektvoll zueinander zu sein. Offenbar sind hier Überzeugungen im Spiel, die feststehenden Wahrheiten, ja mehr noch: die Weltanschauungen gleichkommen.

Profimütter glauben, dass die einzigartige Mutter-Kind-Bindung die wichtigste Voraussetzung für einen glücklichen Start ins Leben sei. In ihren Augen ist es ein Naturgesetz, dass die Mutter das Kind in die Welt einführt und dass Kinder bis zu einem gewissen Alter die Nähe zur Mutter brauchen wie die Luft zum Atmen. Jede Trennung sei eine gewaltsame Einwirkung auf die zerbrechliche Kinderseele, sie mache Kinder orientierungslos, unterschiedliche Bezugspersonen und Einflüsse seien ihnen nicht zuzumuten. So steht es auch in zahllosen Erziehungsratgebern und in wissenschaftlicher Literatur über Kinderpsychologie. Doch wie so häufig, wenn aus Fakten Glaubenssätze gemacht werden, schießt man schnell über das Ziel hinaus und gibt vermeintliche Erkenntnisse als unumstößliche Wahrheiten aus. Aus Gültigkeit wird Allgemeingültigkeit, die nicht mehr hinterfragt wird. Wieso muss die zweifellos einzigartige Liebesbeziehung zwischen Mutter und Kind in den ersten drei Jahren 24 Stunden am Tag ausgelebt werden, damit der Sprössling keinen Schaden erleidet? Bedeutet es für kleine Kinder wirklich einen dramatischen Eingriff, wenn man sie noch während der Aufbauphase des Bindungsverhaltens längere Zeit auch anderen Bezugspersonen überlässt, auch außerhalb des Familiennestes – in der »feindlichen« Welt sozusagen? Sind Kinder wirklich so zerbrechliche Wesen, dass sie ausschließlich auf die Beständigkeit *einer* Beziehung angewiesen sind, und zwar der zur Mutter, und das über viele Jahre?

Die Teilzeitmutter wiederum legt sich zur Rechtfertigung ihres Lebenskonzepts eine Wahrheit zurecht, die sich wie ein Gegenprogramm zu den Postulaten der Profimutter liest. Sie glaubt, dass sich die Beziehung zu den Kindern gerade durch die zeitliche Beschränkung festige, weil sie dadurch bewusst mehr Qualität statt bloße Quantität in die Erziehung einbringe. Sie ist überzeugt, dass sie in kürzerer Zeit wesentlich intensiver auf die Kinder eingehen kann, weil sie von vornherein feste Stunden am Tag einplant, in denen sie sich ausschließlich um die kindlichen Belange kümmert. In ihren Augen profitieren Kinder davon, wenn man sich frisch und unverbraucht für eine abgemessene Stundenzahl ganz auf sie einstellt und sie die Mutter somit auch als engagierte, wertschätzende Person kennenlernen, die ihnen zeigt, wie eine liebevolle Beziehung gestaltet werden kann. Auch bei diesen Wahrheiten muss man die Allgemeingültigkeit kritisch hinterfragen. Woher nehmen Teilzeitmütter die Sicherheit, dass ihr Modell den Kindern besser gerecht wird? Ist es wirklich besser, den Kindern feste Zeiten zu widmen, in denen sie exklusive Aufmerksamkeit erfahren (vorausgesetzt man schafft dies nach Feierabend überhaupt)? Sind Kinder – besonders wenn sie klein sind – nicht vielmehr Augenblicksmenschen, die mit ihren Bedürfnissen gar nicht warten können, bis die Mutter am Nachmittag oder Abend Zeit für deren Erfüllung aufbringen kann? Brauchen Kinder überhaupt eine ungeteilte Aufmerksamkeit? Was ist schlecht daran, wenn sie tatsächlich nebenherlaufen und man sich ihnen immer dann widmet, wenn die Situation es erfordert? Hätten für einen solchen Ansatz Profimütter nicht die besseren Voraussetzungen, wenn man davon ausgeht, dass Kinder Geborgenheit empfinden, solange sie jederzeit auf jemanden zurückgreifen können, der sich ihnen spontan zuwenden kann?

Teilzeitmütter wissen, dass sie in der Bewertungsskala ihrer Mütterlichkeit weitaus schlechtere Karten haben als Profimütter. Die Kinnhaken, die sie ihren ärgsten Widersacherinnen verpassen, sind häufig unter der Gürtellinie und schlichtweg beleidigend – vermutlich, weil sie zur Verteidigung ihrer Mutterehre nicht wirklich Sachargumente vorbringen können. Solange eine »gute« Mutterschaft an der Profimutter gemessen wird, stehen alle anderen mit dem Rücken zur Wand. Und dann ist Angriff eben die beste Verteidigung.

»Du hast es gut, du kannst den ganzen Tag mit deinen Kindern zusammen sein und musst dich nicht so abrackern!« …

… so lautet eine der äußerst perfiden Lieblingsattacken. Hinter solch inszeniertem Neid verbirgt sich eine ausgetüftelte Strategie: Es soll davon abgelenkt werden, dass man gerne arbeiten geht und dafür die Kapitalsünde begeht, die Kinder zu verlassen. Außerdem wird der Profimutter unterstellt – ohne dies jedoch mit einem Wort zu erwähnen –, sie führe ein bequemes Leben in der heimischen Idylle und habe nicht die leiseste Ahnung, wie rau und hart die Welt da draußen sei, vor allem wenn man sich abrackern muss, um Kind und Job unter einen Hut zu bekommen. Hinter dem Vorwurf der Bequemlichkeit steckt natürlich noch ein weiterer, nämlich dass sie wie die Made im Speck lebe, weil sie sich ihr Dasein vom Partner finanzieren lässt. Selten wird der Profimutter eine solche Schamlosigkeit offen ins Gesicht gesagt – diese Gemeinheiten kursieren nur in Kreisen Gleichgesinnter; dennoch ist sie bestens darüber informiert, dass andere Frauen in dieser Weise über sie denken. Ein Geheimnis ist die »Hausfrauenschelte nicht, schließlich wird sie häufig auch öffentlich in Zeitschriften, Internetforen und Talkshows debattiert. Der Vorwurf der Lebensfeigheit und der Faulheit muss die Profimutter ins Mark treffen, zumal er nicht im Ansatz dem entspricht, was sie tagtäglich auf die Beine stellt. Die Familienfrau, besser gesagt, die Profimutter, übt Tätigkeiten aus, die unter anderen Umständen auch schon mal von vielen verschiedenen Personen wahrgenommen werden: Sie ist ihr eigenes Dienstmädchen, ihre Waschfrau, Köchin, Kindermädchen, Haushälterin, Hauslehrerin, Gärtnerin … die Liste ist bestimmt nicht vollständig, aber schon eindrucksvoll genug. Sie chauffiert die Kinder, beaufsichtigt Schularbeiten, pflegt die sozialen Kontakte zu Freunden und Verwandten, sorgt für die Beziehungen der Familienmitglieder untereinander. Lässt man die Ironie der Vorwerk-Staubsaugerwerbung außer Acht, so ist sie tatsächlich die Managerin des gesamten Haushalts- und Familienlebens, sie behält den Überblick und koordiniert die unterschiedlichen Interessen und Beschäftigungen aller Familienmitglieder. Natürlich hat die Technik ihr wesentliche Erleichterung bei der schweren Hausarbeit verschafft, doch muss es immer noch jemanden geben, der die Geräte ein- und ausschaltet und stets nach dem Rechten sieht. Der Profimutter und Hausfrau geht die Arbeit niemals aus. Ihre Tätigkeit lässt sich tatsächlich mit einem Hamsterrad vergleichen, denn ist das Werk für den einen Tag beendet, so geht am nächsten alles von vorne los, und eine tariflich vereinbarte 35-Stunden-Woche mit geregelten Wochenenden und Feiertagen kennt ihr Job nicht. Einer Profimutter, die ihren Kindern ein schönes Zuhause schaffen will und ihnen eine verlässliche und fürsorgliche Stütze im Leben sein möchte, Bequemlichkeit zu unterstellen, ist ein wirklich böser Schlag.

»Wie, du gibst die Kleine schon weg?«

Das heimelig klingende Wort »Krippe« birgt im deutschen Mütterstreit ordentlich Zündstoff. Nur Ahnungslose verbinden damit Weihnachten und das Jesuskind in Heu und Stroh. Mütter wissen es besser: Dieses Wort steht für unvereinbare Weltanschauungen und treibt einen scharfkantigen Keil in das Matriarchat.

Für Teilzeitmütter bedeutet die Krippe Freiraum und die Möglichkeit, neben der Mutterrolle an der bislang entworfenen Biographie festzuhalten und weiterzubasteln. Profimütter sehen in ihr einen Ort der Abschiebung und Verwahrlosung der hilflosen Kleinen, die nach den Gesetzen der Natur zu ihrer Mutter gehören.

Keine der beiden Parteien ist daran interessiert, ihre Überzeugungen auf den Wahrheitsgehalt hin zu überprüfen. So schreibt Herrad Schenk zutreffend: »Bei uns in Deutschland hat die Überzeugung, dass die Erziehung durch die leibliche Mutter immer und unter allen Umständen der Betreuung in Gemeinschaftsinstitutionen vorzuziehen sei, inzwischen den Charakter eines unantastbaren Glaubenssatzes angenommen.«[5] Wenn Teilzeitmütter sich hilflos zu rechtfertigen versuchen und immer wieder versichern, ihr Kind werfe sich jeden Morgen fröhlich in die Arme der Erzieherin und möchte am Nachmittag gar nicht mehr heim, weil es so herrlich in der Einrichtung sei, wenn sie ihr Kind als viel selbständiger und quirliger als so manches gleichaltrige Kind beschreiben, das nur in seiner Familie aufwachse und deshalb mit wenig Anregung auskommen müsse, wenn sie behaupten, ihr Kind sei wesentlich sozialer, weil es einfach schon früh lernen müsse, mit anderen Kindern auszukommen als so ein überbehütetes, umhegtes (Einzel-)Kind, dann drängt sich die Frage auf: Stimmt das überhaupt? Wenn sie am Nachmittag alle versammelt zum Kinderturnen erscheinen oder auf dem Spielplatz, die Kinder der Teilzeit- und die der Profimutter, kann man eigentlich kaum Unterschiede ausmachen. Alle sind sie gleich munter, mehr oder weniger gleich entwickelt, gleich nervig und gleich niedlich auf ihre Art.

Um die hitzige Debatte einmal mit Fakten zu füttern, könnte man auf Studien zurückgreifen, die empirische Befunde zum Verhalten der Kinder liefern.

Kürzlich wurde in den USA die Aufsehen erregende NICHD-

Studie (National Institute of Child Health and Human Development) veröffentlicht, die mit brisanten Erkenntnissen aufwartet: »Kinder, die sehr früh eine Krippe besuchen und dort über Jahre viele Stunden pro Woche verbringen, legen beim Übertritt in den Kindergarten häufiger Verhaltensprobleme an den Tag als ausschließlich von der Mutter betreute Kinder; sie sind aggressiver, auffälliger und ungehorsamer als ihre Altersgenossen.«

»Da haben wir es«, hört man die Profimütter siegessicher jubilieren, doch lassen wir noch jemand weiteres Fachkundiges zu Wort kommen: »Die NICHD-Studie sagt nicht, familienergänzende Kinderbetreuung sei schlecht«, sagt die Psychologin Heidi Simoni vom Marie-Meierhofer-Institut in Zürich, »sondern sie belegt, dass es eine Rolle spielt, wieviel Zeit Kleinkinder in Krippen und wieviel sie mit den Eltern verbringen. Und dies ist als Resultat hochinteressant.«

In dem Internetartikel des Links *Weltwoche.ch,* in dem die Veröffentlichung der NICHD-Studie diskutiert wird, heißt es in der Interpretation der Ergebnisse weiter: »›Die Resultate zeigen, dass Fremdbetreuung per se dem Kind nicht schadet‹, hält Studienleiterin Andrea Karsh die Ergebnisse der Studie in einem Beitrag für die *Schweizerische Ärztezeitung* fest. Teilzeitmütter können also ebenfalls aufatmen. Wie sich ein Kind entwickle, hänge nicht primär davon ab, wie gut oder wie schlecht die außerhäusliche Betreuung sei. Hauptverantwortlich seien Ausbildung, Intelligenz, Einstellungen und Sensitivität von Eltern/Mutter sowie das Einkommen. ›All dies zeigt deutlich, dass Eltern keine Schuldgefühle haben sollen, wenn beide Eltern außer Haus arbeiten, besonders dann, wenn die Kinder in qualitativ guter Betreuung sind‹, so Karsh. ›Unsere Resultate sind aber auch ‹good news› für all die Mütter, die bewusst zu Hause bei ihren Kindern bleiben und ihren Beruf aufgeben, denn qualitativ gute Mutterbetreuung – ob voll- oder teilzeitig – ist der wichtigste Faktor für eine gesunde Entwicklung des Kindes.‹«

Könnte die zerstrittene Mütterwelt angesichts dieser wissenschaftlichen Erkenntnisse, deren Gültigkeit wir in anderen Zusammenhängen nur selten anzweifeln, die Boxhandschuhe abstreifen und sich auf ein einvernehmliches Unentschieden einigen? Es wäre zu wünschen, doch darf man nicht vergessen, dass der Streit um die Fremdbetreuung nur einer von vielen Zankäpfeln ist, um den es in der Frauen- und Mütterwelt geht. Die persönlichen Überzeugungen, die sich um den Mythos Mutterschaft ranken, sind verzweigt und tief verwurzelt. Es geht dabei um das Fundament des eigenen Lebensmodells, und das lässt man sich auch von Wissenschaftlern nicht so leicht in Frage stellen. Denn das Hinterfragen fördert oft schmerzhafte Erkenntnisse zutage. Wenn sich bei einer guten Mutter-Kind-Beziehung und einer qualitativ guten Fremdbetreuung keine Unterschiede in der Entwicklung der Kinder ausmachen lassen, dann muss sich die Profimutter eingestehen, dass die Begründung, ihre totale Hingabe diene dem Wohl des Kindes, letztlich nicht korrekt ist. Sollte sie jemals Selbstzweifel in ihrem Dauereinsatz gehabt haben, wird sie infolge dieser Erkenntnis ein quälendes Gefühl der Verunsicherung nicht mehr loswerden: Hat es sich wirklich gelohnt und war es wirklich nötig, für die Kinder einen solch großen Verzicht in der eigenen Biographie in Kauf zu nehmen, oder hat sie sich dieses Lebensmodell nur schöngeredet?

Für die Teilzeitmutter geben die Ergebnisse der Studie ebenfalls Anlass zu Fragen, die ihre einfachen Wahrheiten erschüttern. Denn der Aufbau einer guten Mutter-Kind-Bindung ist unerlässliche Basis für eine gesunde Entwicklung des Kindes, und er erfordert nun mal Zeit – wenn auch nicht 24 Stunden exklusive Aufmerksamkeit. Mutter wie Vater spielen im Leben des Kindes eine einzigartige, nicht zu ersetzende Rolle. Eltern, das besagen die Studien ohne Wenn und Aber, bilden für Kinder das emotionale Fundament, das sie brauchen, um gedeihliche Beziehungen zu anderen Menschen, sei es Tagesmütter oder Erzieherinnen, eingehen zu können. Die Vereinbarkeit von Beruf und Kind ist somit nur in einem Rahmen möglich, in dem die Beziehung zwischen Mutter und Kind gefestigt ist und keinen Schaden nimmt. Das kann auch bedeuten, dass man mit der Rückkehr in den Beruf noch ein halbes

Jahr länger wartet als geplant, oder dass man, wenn es die Umstände erfordern – zum Beispiel Schuleintritt, Umzug, Trennung usw. –, seinen Berufsalltag den Kindern anpasst.

Gesellschaftlich und politisch gesehen schaden sich die Frauen mit ihrem ewigen Gezänk nur selbst. Anstatt gemeinsam für qualitativ hochwertige und flächendeckende Betreuungsmöglichkeiten zu kämpfen, boxen die Frauen lieber untereinander. Dabei sollten wir eine konsequente Familienpolitik nach französischem wie skandinavischem Vorbild, die gemeinschaftliche Erziehungseinrichtungen fördert, als Gebot einer zivilisierten Gesellschaft ernstnehmen. Was ist verkehrt daran, die äußeren Grenzen eines Frauenlebens so weit wie möglich zu ziehen? Was spricht dagegen, auch die inneren Grenzen und Denkblockaden aufzubrechen? Hier müssen die entscheidenden Impulse von Frauen selbst kommen.

Man kann sich nur wünschen, dass die zarten Ansätze der Familienpolitik beherzt weitergeführt werden, sodass wenigstens auf gesellschaftlicher Ebene die Voraussetzungen für eine tatsächliche Wahlfreiheit geschaffen werden. Noch, so muss man nüchtern konstatieren, kann davon in Deutschland nicht die Rede sein, und der Streit um die »Krippe« ist im Grunde eine Gespensterdebatte, die die Stimmungslage unter deutschen Frauen zeigt. Wenn wir erst einmal über ein wirklich flächendeckendes Angebot an Krippen für die Kleinsten verfügen – werden wir dann handeln wie unsere französischen und skandinavischen Geschlechtsgenossinnen oder werden wir uns dann noch mehr streiten? Womöglich geht die Debatte dann erst richtig los?

Friedensangebote

Es gibt sie, die versöhnlichen Stimmen, die das Gezeter der weiblichen Kontrahentinnen mit wohlgemeinten Aufrufen zu mehr Toleranz und gegenseitiger Akzeptanz überwinden wollen. Das vermeintliche Friedensangebot lautet, dass doch heutzutage jede frei entscheiden könne, wie sie leben möchte, und die Freiheit der Wahl das höchste Gut sei, das es zu respektieren gelte.

Das verheißungsvoll klingende Wort »Wahlfreiheit« vernebelt in Wahrheit jedoch die Tatsachen: Solange Frauen nicht auf kollektive Strukturen zurückgreifen können, sich die Gesellschaft also nicht um ein ausreichendes Betreuungsangebot kümmert, birgt jede der vorhandenen Wahlmöglichkeiten erhebliche Nachteile für die Frau. Sie muss die Konsequenzen ihrer »freien« Entscheidung weitestgehend allein tragen, weil es immer noch als Privatsache gilt, wie man das Leben mit einem Kind letztlich organisiert.

Die Profimutter etwa muss die Abhängigkeit von einem Partner akzeptieren – und die drohende Verarmung, wenn die Partnerschaft scheitert und der Versorger wegfällt. Hinzu kommt die drohende Perspektivlosigkeit: Wie wird das Leben ausgefüllt, wenn die Kinder größer sind und man keine vergleichbar wichtige Aufgabe im Leben findet? Und schließlich haben Profimütter oft ein angeschlagenes Selbstwertgefühl, weil sie nicht zum tonangebenden Kreis der Gesellschaft gehören.

Die berufstätige Mutter trägt die Konsequenzen ihrer Entscheidung, indem sie sich mit großem Stress und Aufwand privat um die Betreuung ihrer Kinder kümmern muss, einen schlechten Ruf genießt und in einer Dauerbelastung lebt, weil sie – je nach partnerschaftlicher Arbeitsteilung – meist mehr als einen Fulltime-Job hat. (Nimmt man den Haushalt noch hinzu und hält der Partner sich komplett raus, sind es sogar drei.) Ob sie arbeiten will oder muss – meist ist es allein ihre Aufgabe, sich um die Betreuung für die Kinder zu kümmern und den kräftezehrenden Zeitplan zwischen Kindern und Beruf zu bewältigen. Verhalten sich die Kleinen dann auffällig, ist klar, dass die Mutter versagt hat.

Und die »Wahlfreiheit« der Kinderlosen besteht darin, sich wegen der schlechten Perspektiven eines Lebens mit Kindern selbst um eine Möglichkeit in der weiblichen Biographie zu beschneiden. Egal wie bewusst diese Entscheidung getroffen wird – ein späteres Bereuen ist nie ganz ausgeschlossen.

Der salomonische Standpunkt der »Wahlfreiheit« der Frauen, die man einfach liberal akzeptieren müsse, findet seinen Ausdruck bisweilen in der Überzeugung, alles werde gut, wenn die Gesellschaft die Mutterschaft endlich als vollwertige Tätigkeit akzeptiere, sodass Frauen – unter Einbeziehung der Option »Mutterschaft« – frei wählen könnten, welchen Beruf sie ergreifen wollen. So schreibt Ulrike Horn in ihrem Plädoyer für Profimütter: »Erst wenn der Mythos der Opfermütter revolutioniert ist, wenn die Mutterrolle mit Kraft, Energie und Dynamik in Verbindung gebracht wird und der Beruf ›Vollzeitmutter‹ als gleichwertig anerkannt wird, kann sich eine Frau wirklich frei für oder gegen diesen Job entscheiden.«[6]

Aber das ist leider nur ein Scheinfriedensangebot, das am eigentlichen Kern des Streits vorbeizielt. Denn Mutterschaft ist nun einmal kein Beruf, sondern ein sozialer Zustand. Die Mutter bekommt als Gegenleistung für ihre Arbeit allenfalls ein vorübergehendes Ausfallhonorar, aber kein Gehalt. Will eine Profimutter also nicht auf Hartz IV zurückgreifen, braucht sie spätestens ab dem zweiten Jahr ihrer ausschließlichen Mutterschaft jemanden, der ihr Leben finanziert; von den gravierenden Nachteilen bei der Altersvorsorge, die eben nur über eine dauerhafte Einzahlung in eine Rentenkasse zu leisten ist, ganz zu schweigen.

Wer also den Frauenstreit dadurch beizulegen versucht, dass er alle Lebensmodelle als gleichwertige »Berufe« definiert, unter denen man frei wählen könne, der wird den gesellschaftlichen Umständen einfach nicht gerecht und blickt großzügig über Fakten hinweg.

Alle Friedensbemühungen bleiben vergeblich, wenn nicht am eigentlichen Gegenstand des Frauenstreits gerüttelt wird, nämlich am Phänomen Mutterschaft selbst. Hier liegt der Grund dafür, dass Frauen sich überhaupt zwischen klar getrennten, ja einander ausschließenden Lebensmodellen entscheiden müssen. Will man den Dauerstreit unter Frauen an der Wurzel packen, muss man über das sonderbare Phänomen Mutterschaft nachdenken. Es gilt, das Allerheiligste unter Müttern zu verhandeln. Die folgende zweite Runde wird zeigen, warum die Mutterrolle einem heillos aufgeladenen ideologischen Zerrbild unterworfen ist, und wie dies zur Polarisierung und zu Grabenkämpfen geführt hat.

Zweite Runde

Vom Bild der »guten« Mutter

Und drinnen waltet
Die züchtige Hausfrau,
Die Mutter der Kinder,
Und herrschet weise
Im häuslichen Kreise

(Friedrich Schiller, Das Lied von der Glocke, 1799)

Es ist kein Zufall, dass die Zwietracht innerhalb der Frauenwelt sich an der Mutterrolle entzündet. Die Mutterschaft nimmt unter den zahlreichen Bausteinen einer weiblichen Biographie eine Sonderstellung ein. Sie ist meist ein entscheidender Wendepunkt im Leben, an dem Frauen sich häufig neu erfinden und wesentliche Veränderungen ihrer Persönlichkeit erfahren. Selten geht das Leben in gewohnten Bahnen weiter – im Gegenteil, die meisten Frauen berichten, dass nach der Geburt des Kindes nichts mehr so ist, wie es vorher war.

Damit sind nicht nur die gravierenden äußeren Veränderungen im Alltag gemeint. Es ist keine Frage, dass ein Kind den gewohnten Lebensrhythmus auf den Kopf stellt, dass Mütter wie Väter sich an neue Gegebenheiten anpassen müssen. Darüber hinaus löst ein Kind meist eine innere Verwandlung aus: Der Blick auf die Welt und auf die eigene Rolle verändert sich. Die neue, langjährige Verantwortung für einen schutzbedürftigen Menschen ist die Brille, durch die die Dinge jetzt wahrgenommen und bewertet werden, was nicht selten zu einem tieferen Verständnis seiner selbst führt. Trotzdem werden die Veränderungen durch die Mutterschaft individuell sehr unterschiedlich erlebt. Während die eine angesichts der Bereicherung ihres Lebens auf einer Woge des Glücks dahingleitet, vermischen sich bei der anderen nagende Zweifel mit Ängsten und Gefühlen der Unzufriedenheit, weil die Veränderungen zwar erwartet wurden, aber in ihrer konkreten Ausprägung dennoch unvorhersehbar über sie hereingebrochen sind.

Und wie werden diese Wandlungsprozesse bewertet? Wie offen und ehrlich darf eine zweifelnde Mutter über ihre zwiespältigen Gefühle sprechen, ohne in ein schiefes Licht zu geraten? Spürbares Unbehagen breitet sich aus, wenn eine Frau ohne Scham bekennt, dass ihr das Leben als Mutter keine wirkliche Freude bereitet und sie es mehr als Last denn als Beglückung empfindet. Nicht selten ist die Reaktion der Umwelt geradezu empört: »Wenn sie sich nicht selbst um ihre Kinder kümmern möchte und keine Freude dabei empfindet, warum hat sie sie dann überhaupt zur Welt gebracht?«

Entrüstet ist man, weil sich mit der Mutterschaft bestimmte Vorstellungen verknüpfen, die sich aus allgemeingültigen Erwartungen und normierten Bildern zusammensetzen. Mütterlichkeit ist an ein vorgegebenes Muster gebunden, größere Abweichungen rufen negative Reaktionen hervor.

So entspricht es – zumindest in Deutschland – der Mütternorm, dass man sich persönlich um sein Kind kümmert und dafür auf andere zeitraubende Aktivitäten verzichtet. Eine Mutter, die sich nach der Geburt der lang ersehnten Zwillinge eine Kinderfrau für die Nacht leistet und eine für den Tag, um die persönliche Biographie ungeniert mit ruhigen Nächten und Berufstätigkeit am Tag fortsetzen zu können, entspricht nicht dem üblichen Bild einer »normalen« Mutterschaft und zieht oft heftige Kritik auf sich.

Wir scheinen stets genau zu wissen, was eine »schlechte« Mutter ist, die sogenannte »Rabenmutter«, wenn wir uns über sie empören. Diese Figur hat in Deutschland Tradition. Wir kennen sie aus Grimms Märchen, die böse Stiefmutter, die egoistisch und habgierig und stets darauf bedacht ist, ihren Wohlstand zu mehren, ja, die sogar bereit ist, die ihr anvertrauten Kinder dafür zu opfern. Doch was wissen wir von ihrem Gegenpart, der »guten« Mutter? Ihr werden Attribute wie Aufopferungsbereitschaft, liebevolle Hingabe, Tugendhaftigkeit, Treue und Fleiß zugeschrieben – auch das ein Bild, das sich über Jahrhunderte erhalten hat.

Dass die Mutterschaft Frauen verändert, hat also nicht nur damit zu tun, dass sie eine neue, gefühlvolle Beziehung zu einem Menschen aufnehmen, der ihnen anvertraut ist. Es hat auch mit den herrschenden, mehr oder weniger konkreten Vorstellungen und Erwartungen an die normierte Mutterrolle zu tun. Man könnte auch sagen: Frauen passen sich in ihrer Rolle als Mutter dem Bild an, das latent bis manifest in den Köpfen vorherrscht, und richten ihr Verhalten danach aus.

Die Vorstellung, die wir uns von einer »guten« Mutter machen, setzt sich aus zahlreichen Steinchen zusammen, die sich zu einem facettenreichen Gesamtbild der wesentlichen Eigenschaften einer Mutter zusammenfügen. Das Bild der »guten« Mutter ist die Folie in weiblichen Köpfen, auf die Frauen das eigene Verhalten projizieren, dem sie gleich einem Abziehbild entsprechen wollen. Dafür unternehmen Frauen erhebliche Anstrengungen.

Wechseln wir die Perspektive und fragen andersherum: Was erhofft sich eine Frau von der Mutterschaft? (Wobei wir davon ausgehen, dass sich die meisten Leserinnen heutzutage selbstbestimmt und bewusst für oder gegen Kinder entscheiden.) Die Wunschkinder sollen ihren Müttern einen seelischen Gewinn bringen, neue Erfahrungen und persönliche Herausforderungen, eine Bereicherung des Lebens, einen andersartigen Zugang zur Welt bieten und neuartige Quellen ungeahnter Glücksgefühle auftun. Ein Kind verspricht die Möglichkeit, noch einmal aus den eingefahrenen Bahnen auszubrechen. Besonders etablierte Frauen jenseits der dreißig verbinden mit der Mutterschaft stets auch eine Sinnsuche: Sie hegen die Hoffnung, durch die Verantwortung für ein Kind sich selbst noch mal neu im Leben zu verankern.

Die persönlichen Erwartungen an die neue Mutterrolle sind also alles andere als bescheiden. Bei so viel Sinnsuche gehen viele Frauen selbstverständlich davon aus, dass sie voll und ganz in ihrem Leben mit Kind aufgehen und totale Befriedigung im Umgang mit dem Baby und Kleinkind erfahren werden. Die Sehnsucht schwangerer Frauen, ihrem Kind eine nie versiegende Quelle der Liebe zu sein, steht ihnen förmlich ins verklärte Gesicht geschrieben, wenn sie zärtlich mit der Hand ihren Bauch streichen. Sie sind erfüllt von der Sehnsucht, ihrem Kind nur das Beste zu bieten. Was das ist, hoffen sie intuitiv zu erfassen – vor allem, solange das Kleine sich nur schreiend mitteilen kann. Sie möchten voller nimmermüder Geduld sein, voller Zuwendung, Liebe und Glück.

Angesichts der Möglichkeit, sich frei und selbstbestimmt für ein Kind zu entscheiden, ist die psychische Mutterschaft gegenüber der physischen dramatisch aufgewertet worden. Eine »gute« Mutter bringt nicht nur ihr Kind zur Welt, sie bringt auch die natürliche Begabung mit, sich hingebungsvoll um den Nachwuchs zu kümmern, sagt man – und dabei ein hohes Maß an Befriedigung zu finden. Das Ideal der »guten« Mutter setzt die positive Gestimmtheit, die Zufriedenheit und Erfüllung in ihrer Rolle voraus. Zugespitzt formuliert, ist bei einer »guten« Mutter das Glück der Kinder auch ihr eigenes Glück.

Dass dies nur ein Teil der Wahrheit ist, erfahren die meisten Frauen schon bald nach der Geburt. Mutterschaft wird nicht ausschließlich von positiven Gefühlen und Stimmungen getragen, sondern erfordert häufig einen seelischen und körperlichen Einsatz, der so manchen dunklen Schatten auf die verklärte Mutterrolle wirft. An diesem Punkt zeigt sich, wer an dem Musterbild der »guten« Mutter festhält oder wer »kapituliert« und sich schleunigst nach Entlastung umsieht. Die emphatische Mutter, die sich allein für die Fürsorge ihrer Kinder verantwortlich fühlt, wird nicht müde zu betonen, welche Anstrengungen ihr die Mutterschaft abverlangt. Doch folgt nicht etwa die logische Konsequenz, dass sie um Hilfe und Unterstützung für ihre Mütterarbeit bitten würden. Im Gegenteil: Wegen der Kinder an die Grenze der persönlichen Belastbarkeit zu gehen, gehört für sie zum Wesen der Mutterschaft. Ihr Stöhnen und Jammern ist »Ausdruck eines Geltungsbedürfnisses«[7] und gehört auf Spiel- und anderen mütterlichen Tummelplätzen zum Geschäft, es betont ihre Opferrolle. Hilfe würden sie niemals annehmen. Solche Mütter sind davon überzeugt, dass die Mutterschaft zu gleichen Teilen aus Freude und Last bestehe und dass man beides durchleben müsse, um in den Genuss der wahren, erfüllenden Mutterschaft zu kommen. Wer es sich zu leicht macht und vorschnell auf Vater, Kindermädchen, Haushaltshilfe oder stundenlange Tagesbetreuung zurückgreift, ohne im Gegenzug wenigstens selbst einer anstrengenden Arbeit nachzugehen, wird den Anforderungen des Mütter-Leistungskatalogs nicht gerecht.

Die Diskrepanz zwischen der persönlichen Erwartung an das vorgegebene Bild und dem tatsächlichen Empfinden und Vermögen als Mutter fördert eine nüchterne Einsicht zutage: Das Bild der »guten« Mutter ist eben nur ein Bild, eine Wunschvorstellung, ein Ideal, eine Idee, aber keine unverrückbare Größe, keine unumstößliche Wahrheit, der man gerecht werden muss. Anstatt sich aber in der Realität der Tatsachen zu treffen, kämpfen Mütter um den Wahrheitsanspruch ihrer zum Ideal erhobenen Lebensmodelle. Streiten sie sich also am Ende über ein Phantom – über etwas, dass es *so* gar nicht gibt oder geben müsste? Ist »gute« Mutterschaft, wie wir sie heute verstehen und wie viele sie als notwendig erachten, letztlich nichts anderes als ein Mythos? Jane Swigart schreibt in ihrem Buch *Von wegen Rabenmutter*: »Der Mythos, die Bedürfnisse der Kinder seien mit denen der Mutter identisch, bekommt mehr und mehr Risse, denn an vielen Stellen, besonders bei den berufstätigen Müttern, wird offensichtlich, dass sich in unserer modernen, industrialisierten Welt in Wirklichkeit in immer mehr Fällen die Bedürfnisse von Mutter und Kind widersprechen.«[8]

Viele Frauen, gerade die besser Ausgebildeten, haben selbst eine Erziehung genossen, die Wert auf persönliche Entfaltung legte, auf das individuelle Ausleben selbstgesteckter Ziele. Das war die Errungenschaft der Frauenbewegungen: das Recht auf eine gleichwertige und freizügige Persönlichkeitsbildung für Jungen *und* Mädchen. Doch verträgt sich eine ehrgeizig vorangetriebene persönliche Entwicklung mit dem verklärten Bild der »guten« Mutter, die sich gerade durch ihre Selbstzurücknahme und ihre Opferbereitschaft auszeichnet?

Müssen wir nicht endlich Schluss machen mit dem schlechten Gewissen, dem chronischen Gefühl der persönlichen Unzulänglichkeit, den täglichen Zweifeln? Was sind sie anderes als der Beweis dafür, dass zwischen der gewünschten und der realen Mutterschaft ein unauflöslicher Widerspruch existiert? Ein Widerspruch, der das vorgegebene Bild der »guten« Mutter als Mythos entlarvt – ebenso wie das ihrer dunklen Zwillingsschwester, der »schlechten« Mutter. Dürfen wir sie nicht ebenfalls getrost als Bild, als Mythos aus unseren Köpfen verbannen, weil sie letztlich nur das »fotografische Negativ«[9] des Phantoms »gute« Mutter ist? Vielleicht verkörpert die Rabenmutter am Ende nur eines: den vergeblichen Versuch einer jeden Frau, dem Bild der »guten« Mutter zu entsprechen. Die Rabenmutter ist nützlich in der Funktion des Sündenbocks, der Buhfrau, auf die wir unsere eigenen negativen Emotionen in Sachen Mutterschaft projizieren können. Aber glücklicherweise existiert sie nicht wirklich als Person.

In Frankreich und Skandinavien kennt man übrigens nicht einmal das Wort.

Von den Moden der Mutterschaft

Schweift man in Buchhandlungen oder Bibliotheken in der Abteilung *Frauen, Mütter, Kinder und Erziehung* flüchtig mit den Augen über die Buchrücken, so springen einen Titel an wie *Rabenmütter, na und?*; *Schatz, wie war dein Tag auf dem Sofa? Hausfrau – die unterschätzte Familienmanagerin*; *Rabenmütter haben die glücklicheren*

Kinder; Nur Hausfrau? Zeit haben für die Zukunft unserer Kinder; Mütter sind die besseren Manager oder *Mama im Job*. Was auch immer sich inhaltlich hinter den farbigen Rücken verbergen mag – allein die Titel lassen erahnen, dass Mutterschaft in zahlreichen Lebenskonzepten Ausdruck findet, die miteinander im Widerstreit liegen. Und nicht nur das, sie legen auch die Vermutung nahe, dass das Phänomen Mutterschaft, ähnlich wie die Mode, Wandlungen unterliegt. Natürlich nicht von einem aufs andere Jahr, aber durchaus von einer Generation zur nächsten, wenn nicht sogar noch schneller. Die Überzeugung, das Bild der »guten« Mutter sei eine ewige biologische Wahrheit, scheint geflissentlich zu übersehen, dass sich allein im vergangenen Jahrhundert die Rolle der Mutter immer wieder verändert und dem jeweiligen Zeitgeist angepasst hat.

Historischer Schnelldurchgang: von Frauenbewegungen und Mütteremanzen

Der Anspruch, dass Kinder zu Hause von der Mutter erzogen werden, ist eine Erfindung des 19. Jahrhunderts. Damals, als im Zuge der Industrialisierung Wohn- und Arbeitsort der Familien getrennt wurden und sich die Frauen auf die Aufgaben im Haus konzentrierten, begann die Erwachsenenwelt sich erstmals für die Lebenswirklichkeit von Kindern zu interessieren. Zuvor hatten die Erwachsenen keine Zeit oder Lust, sich mit dem Nachwuchs zu beschäftigen – weder in den Herrschaftshäusern noch in den Arbeiter- und Bauernfamilien, wo die Frauen zusammen mit ihren Männern für das tägliche Auskommen zu sorgen hatten.

Die Veränderungen der Arbeitswelt im 19. Jahrhundert und das aufkommende Bürgertum führten zu einer Trennung der Männer- und der Frauenwelt. Der Mann übernahm die Geschäfte in der Welt draußen, das Heim wurde zum Gegenpol, dem Ort der Harmonie und Geborgenheit, zu deren Hüterin fortan die Hausfrau und Mutter avancierte. Eine wirkliche Trennung der Welten ließ sich allerdings lediglich in bürgerlichen Kreisen umsetzen. Proletarische Familien und weite Teile der Landbevölkerung hatten es deutlich schwerer mit der Rollenaufteilung, weil sie sich die erwerbslose Hausfrau oder die Mutter, die nicht aktiv zur Ernährung der Familie beitrug, finanziell nicht leisten konnten; ein Umstand, der trotz aller mütterlichen Idealvorstellungen bis heute gilt. Durch seinen weitreichenden gesellschaftlichen Einfluss setzte das Bürgertum dennoch die entscheidenden Akzente, sodass die Erfindung der Frau als Hausfrau und Mutter mit Wirkungsbereich innerhalb der eigenen vier Wände zur Norm für alle wurde. Mit dem Aufkommen der bürgerlichen Familie ab dem frühen 19. Jahrhundert nimmt die schleichende Idealisierung der Mutterrolle ihren Anfang.

Solange die Frauen keinen Anteil am öffentlichen Leben hatten, formten Männer ihre Rollen, vor allem die der Mutter. Das galt in jedem Fall bis zum Beginn des 20. Jahrhunderts, als sich die erste Frauenbewegung für weibliche Rechte einsetzte und Bildungschancen für Frauen erkämpfte. Innerhalb dieser Frauenbewegung gab es neben den Kämpferinnen für mehr Gleichberechtigung auch solche, die sich für mehr Anerkennung und Selbstbestimmung des weiblichen Geschlechts stark machten, indem sie die Unterschiede zwischen Mann und Frau besonders hervorhoben. Gerade in der Mütterlichkeit als Wesensmerkmal aller Frauen – ob sie nun tatsächlich Kinder hatten oder nicht – erkannten sie das Potential, sich positiv von der als verderbt betrachteten Männerwelt abzusetzen. Mütterlichkeit und Weiblichkeit waren ihnen eins, und in der Verbindung beider Komponenten glaubten die engagierten Frauen, der patriarchalischen Gesellschaft einen menschlicheren Anstrich verleihen zu können. Die »geistige Mütterlichkeit« sollte auch bei kinderlosen Frauen zum Tragen kommen, etwa in typisch weiblichen Berufen wie Kindergärtnerinnen oder Lehrerinnen. Zum ersten Mal verlangten Frauen öffentlich mehr Anerkennung für genau die Rolle, die ihnen die Männer jahrhundertelang zugeschrieben hatten, ohne ihnen öffentliche Wertschätzung dafür entgegenzubringen. Die Frauenrechtlerinnen, die für die Aufwertung der Mütterlichkeit und für die Anerkennung der gesellschaftlich wertvollen Leistungen von Hausfrauen und Müttern kämpften, waren überzeugt, dass auch auf diese Weise Gleichberechtigung erreicht werden konnte, und nicht nur durch einen freieren Zugang zu Bildung und Berufstätigkeit.

Mittels sogenannter Hausfrauenverbände unternahmen Frauen eine Imagekampagne, die auch die Damen der gehobenen Schichten in die Pflicht nahm. Es sollte ins gesellschaftliche Bewusstsein dringen, dass auch diese Damen täglich häusliche Tätigkeiten und Kinderpflege verrichteten.

Die professionelle Hausfrau und Mutter als Alleinherrscherin im eigenen Heim und in der Kinderstube, ohne Personal und Großfamilie, wurde jedoch erst in der Mitte des 20. Jahrhunderts zur allgemeingültigen gesellschaftlichen Norm. Die 50er Jahre waren die Blütezeit der Hausfrauen und Mütter. Das Wirtschaftswunder, die Erfindung des Staubsaugers und andere technische Errungenschaften ermöglichten der Hausfrau ein unbeschwertes Leben und schenkten ihr Zeit für ein weiteres Betätigungsfeld: die Mutterschaft und die Erziehung der Kinder. Noch heute schwebt uns die 50er-Jahre-Familie als das beste Modell für eine »gute« Mutterschaft vor, und viele leben, trotz erheblicher gesellschaftlicher Veränderungen, auch heute noch nach diesem normierten Rollenschema – ob sie damit zufrieden sind oder nicht.

Die Frauen entdeckten die Mutterschaft in den 50er Jahren als tagesfüllendes Betätigungsfeld. War ein Frauenleben bis dahin noch von einer Reihe weiterer Pflichten geprägt gewesen – in ärmeren Kreisen vor allem Hinzuverdienst und beschwerliche Hausarbeit, in gehobeneren Kreisen Haushaltsführung und gesellschaftliche Repräsentation –, so führten der zunehmende Wohlstand und die technischen Errungenschaften des Wirtschaftswunders dazu, dass die Mutterschaft mehr und mehr zum eigentlichen »Beruf« von Frauen werden konnte.

Unterstützung für diese folgenschwere und gesellschaftlich relevante Aufgabe erhielten die fortan auf sich allein gestellten Mütter von Kinderexperten wie dem amerikanischen Kinderarzt Dr. Spock mit seinem 1945 zuerst erschienenen, langjährigen

Bestseller *Baby and Child Care*. Die Flut der Ratgeber in Sachen Kindererziehung und Mütterarbeit ist bis heute nicht verebbt, weil Erziehung sich schleichend zu etwas so Schwierigem und Hochkomplexem entwickelte, dass man Müttern nicht mehr zutraute, ihre Sache instinktiv richtig zu machen.

Der Kinderexperte und Psychoanalytiker John Bolwby leistete der Vorstellung von der Unverzichtbarkeit mütterlicher Fürsorge Vorschub mit seiner 1951 erschienenen Studie über »Mütterliche Zuwendung und geistige Gesundheit« (im Auftrag der World Health Organisation, 1951). Er ließ keinen Zweifel daran, dass ein Kind sich nur in enger Bindung an die leibliche Mutter entwickeln könne. Die Psychoanalyse in der Nachfolge Freuds war davon überzeugt, dass Mütter neue emotionale Aufgaben zu übernehmen hatten: Nicht nur die körperliche Pflege, auch die seelische Fürsorge lag in ihren Händen. Bis heute geht man davon aus, dass die frühe und intensive Mutter-Kind-Bindung einen entscheidenden Einfluss auf die Persönlichkeitsentwicklung des Kindes habe. Mit dieser Einstellung hat man den vollbeschäftigten Müttern in den 50er Jahren – und darüber hinaus – nicht nur eine Daseinsberechtigung verschafft, sondern ihnen auch eine immense Verantwortung aufgeladen. Denn lief etwas schief in der Mütterarbeit und gestaltete sich die enge Bindung als wenig glücklich, so lastete die Schuld an vermeintlich irreversiblen seelischen Schäden des Kindes natürlich auf der Mutter. Allerdings hielten sich im Vergleich zu heute die moralischen Anforderungen auch in Grenzen. Man erwartete, dass die Mutter die Kinder zu ordnungsliebenden, pflichtbewussten, angepassten und wenig aufmüpfigen Menschen erzog, in schönster Verdrängung der jüngst vergangenen Nazigräuel. Dazu durfte sich die Mutter durchaus autoritärer Methoden bedienen und den Kindern mit dem am Abend heimkehrenden und strafenden Vater drohen, wenn sie sich Ungehorsam leisteten. Es wurde nicht verlangt, die Säuglinge monatelang zu stillen, weil Muttermilch den Vorstellungen von Reinlichkeit und Hygiene ohnehin nicht entsprach. Es wurde auch nicht erwartet, dass sie die Nachmittage auf Spielplätzen (die es so flächendeckend wie heute nicht gab) oder im Auto verbrachte, um dem Nachwuchs die musische und sportliche Förderung angedeihen zu lassen. Die Welt der Hausfrauen war überschaubar, endete zumeist an der Gartenpforte und wurde von vielen als einsam und langweilig empfunden – vor allem wenn die Kinder heranwuchsen und nach Herzenslust in der Gegend herumzogen, wenn die Wäsche gebügelt war, die Gardinen in strahlendem Weiß glänzten und der Teppich partout keinen Staub mehr hergeben wollte.

Es war eine Zeitbombe, die in der Hausfrauenwelt tickte, und rückblickend kann es nicht verwundern, dass sich schon in der folgenden Generation Unmut unter den jungen Frauen regte und viele von ihnen zu Feministinnen mutierten, die um keinen Preis der Welt so enden wollten wie ihre Mütter: frustriert, gelangweilt und unterdrückt vom gebietenden Ehemann und Vater.

Die allgemeine Protestbewegung der 68er Jahre war für Frauen ein günstiges Klima, um ihre negative Sicht der patriarchalischen Strukturen in der Gesellschaft publik zu machen. Die Protagonistinnen der sogenannten zweiten Frauenbewegung unterschieden sich bezüglich feministischer Theorie und der Radikalität ihrer Einstellungen durchaus voneinander. Dennoch waren vor allem in den ersten Jahren nach 68 ihre dringlichsten gemeinsamen Themen: Gleichstellung von Männern und Frauen in Politik, Arbeit, Gesellschaft und Familie; Schutz vor Gewalt; sexuelle Selbstbestimmung und Freigabe der Abtreibung. »Frauen gemeinsam sind stark« war das Motto zum Aufbruch aus unterdrückenden und frauenverachtenden Strukturen.

Doch schon bald zeigte sich, dass die Feministinnen eine ganze Gruppe unter den Geschlechtsgenossinnen schlichtweg vergessen oder wissentlich ignoriert hatten: Frauen, die bereits Kinder hatten, und solche, die sich trotz tiefer Abneigung gegen die Versklavung in der Mutterrolle welche wünschten. Das Thema Mutterschaft und die Sorgen und Nöte von Frauen mit Kindern waren kein Thema dieser zweiten Frauenbewegung: Im Mittelpunkt standen die Rechte der *Frauen*, nicht die der *Mütter*.

Es war eine kleine Fraktion innerhalb der emanzipatorisch denkenden Frauen, die sich letztlich doch der Mütterproblematik annahm. Durch die Gründung von Mütterzentren und Selbsthilfegruppen versuchten die sogenannten Mütterpolitikerinnen gezielt, betroffenen Frauen die Alltagsprobleme im Leben mit kleinen Kindern zu erleichtern. Das Selbstwertgefühl dieser Mütter sollte gestärkt werden, indem ihre gesellschaftlich wertvolle Arbeit bei der Kindererziehung herausgestellt wurde. Zum ersten Mal erhoben Frauen ihre Stimme, um das Thema Mutterschaft aus dem Privaten in die Öffentlichkeit zu tragen und damit verbunden politische und gesellschaftliche Ziele zu formulieren. Die Politisierung der Mütterproblematik auf bundespolitischer Ebene erfolgte auf der ersten Bundesfrauenkonferenz der Grünen 1985 in Köln, bei der grüne Politikerinnen ihre Kritik an der Ausgrenzung von Müttern durch die eigene Partei kundtaten: »Es ist an der Zeit für eine neue Frauenbewegung, eine Bewegung, die die Wirklichkeit, die Wünsche und Hoffnungen von Müttern mit Kindern ebenso konsequent und nachdrücklich vertritt wie die Interessen kinderloser Frauen«, heißt es auf der ersten Seite des »Müttermanifests«, das unter dem Titel: »Leben mit Kindern – Mütter werden laut« 1987 in der *Frankfurter Rundschau* publiziert wurde. Allerdings verstanden sich die Mütterpolitikerinnen keineswegs als rückwärtsgewandte, reaktionäre Hausfrauen, die zurück an den Herd wollten. Im Gegenteil, sie waren durchdrungen vom feministischen Gedankengut der Gleichberechtigung, sie forderten sexuelle Selbstbestimmung und das Recht auf freie Entscheidung für oder gegen Kinder. Sie wollten sich auch keineswegs dem »Schneckentempo« der Männer hinsichtlich der zu erledigenden Familienarbeit unterwerfen. Sie setzten auf die »öffentliche Wohnstube«, auf das Mütterzentrum und auf Gruppen zum gemeinsamen Kinderkriegen, Stillen und Erziehen.

Die Mütteremanzen glaubten darüber hinaus, dass Mütterlichkeit einen revolutionären Beitrag für die Gesellschaft insgesamt leisten könne, weil die wahre Revolution, die Veränderung der Welt, die Umwertung aller Werte nur durch eine neue, progressive, antiautoritäre Pädagogik erreicht werden könne. Den Heranwachsenden sollte ein neues Bewusstsein beigebracht werden – wer konnte diese Aufgabe besser bewerkstelligen als die emanzipierten Mütter selbst?

Zum zweiten Mal innerhalb eines Jahrhunderts hatten die Mütter an der Gestaltung ihrer Rolle selbst mitgewirkt und sie verändert. Anders als ihre kinderlosen Schwestern hoben die feministisch geprägten Mütter den hohen Wert der weiblichen Gebärfähigkeit hervor. Sie kämpften nicht mehr für die Gleichstellung von Mann und Frau, sondern betonten vielmehr ihre Andersartigkeit, ohne dabei die Gleichwertigkeit einbüßen zu wollen. Kinder gebären zu können sei die große Stärke der Frauen, auf die sie sich wieder besinnen müssten, statt sich ihrer zu schämen. Die natürliche, gefühlvolle Mutter-Kind-Welt wurde als positiver Gegenentwurf zur Macht-, Geld- und Karrierewelt der Männer angesehen. Wenn Frauen ihre Gleichstellung mit den Männern nur durch die Ausübung eines Berufs oder durch die Anerkennung individueller Leistungen anstrebten, wie ihre radikalfeministischen Schwestern dies vorsahen, dann übernähmen sie letztlich männliche Wertmaßstäbe und qualifizierten damit das eigene Geschlecht ab. Mit der Vorstellung der weiblichen Andersartigkeit verknüpften die Mütterfeministinnen jedoch die Vorstellung der weiblichen Überlegenheit: Die Fähigkeit, Leben hervorzubringen, wurde als das moralisch bessere, wertvollere Prinzip angesehen im Vergleich zum eindimensionalen, karriereorientierten und technikfaszinierten männlichen Denken.

Die Wiederentdeckung des weiblichen Körpers und die Wiederaufwertung der Gebärfähigkeit standen unter der großen Überschrift der Natürlichkeit, und »natürlich« implizierte gleichzeitig »besser«. Dies war die Zeit, in der Frauen mit Beginn der Mutterschaft den Weg zurück zur Natur antraten: Selbstbeobachtungsgruppen entstanden, die sich durch Betasten des Muttermunds genauestens über den körperlichen Ablauf des weiblichen Zyklus informierten. Stillgruppen, Geburtsvorbereitungskurse,

Schwangerschaftsgruppen gründeten sich. Die sanfte, natürliche Geburt kam in Mode, möglichst zu Hause in angenehmer Räucherkerzenatmosphäre. Schmerzmittel und Krankenhausluft standen für die Pathologisierung von Schwangerschaft und Geburt und wurden als männliche Fremdbestimmung abgelehnt. Das Kind sollte in rosigem Licht freudig begrüßt werden, die Geburt selbst als Fest des Lebens und der weiblichen Potenz begangen werden. Die Mütterfeministinnen wollten die Zeit der Schwangerschaft, die Geburt, die Stillphase und die Säuglingspflege mit Stoffwindeln und Weleda-Creme in vollen Zügen genießen, und dazu war es unumgänglich, sich voll und ganz auf das Kind einzustellen, ja, mit ihm eins zu werden.

Diese Selbsterfahrungs-Mütter interessierten sich nicht für die Vereinbarkeit von Beruf und Mutterschaft. Dass es dennoch zahlreiche Frauen gab, die ihren Selbsterfahrungstrip nur am Rande erlebten und die neben dem Kinderkriegen auch arbeiten mussten und dafür dringend einer Kinderbetreuung bedurften, interessierte die wortführenden Mütteremanzen genauso wenig, wie einst die Feministinnen die Belange der Mütter überhaupt zur Kenntnis genommen hatten.

Diese neuen Mütter schrieen auch nicht nach Unterstützung durch die Väter. In bewusster Abgrenzung zu den Männern deklarierten diese Frauen die Kinderaufzucht als ihren ureigenen Bereich, in dem sie nicht befürchten mussten, dass Männer ihnen als feindliche Eindringlinge das Feld streitig machten. Hier waren sie die Kompetenteren, die von der Natur Privilegierten – und damit letzlich die besseren Menschen.

Die durch die zweite Frauenbewegung neu kreierte Mütterlichkeit hat der Mutterschaft eine ideologische Aufwertung beschert, die bis dato einmalig in der Geschichte ist und deren Folgen bis heute spürbar sind. Die Mütterlichkeit, so glaubten die Mütterfeministinnen, führe zur wahren Selbstverwirklichung der Frau. Dass eine »gute« Mutter per se glücklich, mit ihrer Rolle vollkommen in Einklang und von ihrem Leben erfüllt sein müsse, war damit endgültig zur Norm erhoben worden. Kinder bedeuten der modernen Mutter das Lebensglück, so die Messlatte der »guten« Mutter.

Das modische Gewand, das die Mütteremanzen der Mutterschaft zugewiesen haben, ist noch nicht sehr alt, deshalb ist es immer noch äußerst präsent in den Köpfen heutiger Mütter – auch bei solchen, die mit Mutterschaft nicht gleich Selbsterfahrung verbinden. In der nahezu kultisch betriebenen Mutterschaft der feministischen Mütterfrauen ist die Wurzel dafür zu suchen, dass sich eine Frau noch heute rechtfertigen muss, wenn sie mit dem natürlichen Fest des Lebens nur wenig anfangen kann und lieber Milch aus der Flasche als aus der Brust verabreicht. Wenn eine Frau auf die tiefe Verbundenheit zu ihrem Kind, die durch das Stillen hergestellt wird, verzichtet und ohne Gewissensbisse zur Milchflasche greift, kann sie sicher sein, von stillfreudigen Müttern ungebeten Geschichten aufgetischt zu bekommen, wie lang und intensiv man jedes einzelne Kind bei allen erdenklichen Gelegenheiten gestillt und welch intensive Glücksgefühle man dabei empfunden habe; den Vorwurf mütterlicher Unzulänglichkeit bekommt die Flaschenmami mit den rührenden Geschichten gleich gratis mitgeliefert.

Die »Neue Mütterlichkeit« und ihre Folgen

Das »Verdienst« der Mütterfeministinnen war nicht nur die weitere Ideologisierung der Mutterschaft, sondern auch, dass sie mit ihrem aggressiv betriebenen Engagement für Mütter das erste Pflänzchen für den bis heute andauernden Frauenstreit gesetzt haben. Allerdings waren die beiden Lager – kinderlose Feministinnen und emanzipierte Mütter – auch früher schon nicht eben zimperlich miteinander umgegangen. Letztere führten in ihrem Vokabular wenig schmeichelhafte Zuschreibungen für ihre Schwestern und sprachen vom »Ghetto der Nichtmütter« oder dem »Aquarium der Karrierefrauen«.[10] Doch auch die kinderlosen Feministinnen hielten sich mit offener Kritik nicht zurück und äußerten ihr tiefes Bedauern darüber, »... dass die berechtigten

Anliegen von Müttern mit einem Frauenbild verknüpft werden, das wir seit Jahren bekämpfen.«[11]

Und in der Tat wurde die von den Feministinnen als progressiv empfundene »Neue Mütterlichkeit« von Frauen mit traditionellem Rollenverständnis dankbar aufgegriffen. Endlich brauchten sie sich für ihre fraglos übernommene Mutterrolle nicht mehr zu schämen und konnten das quälende Gefühl ablegen, die vergessenen Heimchen am Herd zu sein, über die der Zug der Moderne gnadenlos hinweggerollt war. Eine liebende, fürsorgliche Mutter zu sein und für eine gewisse Zeit oder auch dauerhaft die Kinder in den Mittelpunkt des Lebens zu stellen, entsprach plötzlich wieder dem avantgardistischen Zeitgeist. Auch die konservative Kohl-Regierung erkannte die Gunst der Stunde und polierte das Selbstwertgefühl der braven Hausfrau und Mutter wieder auf, das durch die Attacken der Feministinnen schwer angeschlagen war. Dazu brauchten sich die Familienminister sämtlicher Kohl-Kabinette nur das entsprechende Vokabular der Mütterfeministinnen zu eigen zu machen. Sie mussten die Familie neu bewerten und von dem Gedanken ablenken, dass sie vielen als Institution galt, in der Frauen unterdrückt wurden. Familie sollte fortan als Bereich gelten, der den Frauen größte individuelle Gestaltungsmöglichkeiten bot und die Erfüllung tiefster weiblicher Bedürfnisse ermöglichte. Muttersein sei ein gleichwertiger Beruf, hieß es fortan, und die wahre Selbstverwirklichung könne die Frau nur in der Familie erfahren. Dieses Umkehrdenken hatte seinen Ursprung auch in ökonomischen Zwängen: Mit dem Ende der glorreichen Wirtschaftswunderjahre waren die Arbeitslosenzahlen in den Siebzigern dramatisch in die Höhe geschnellt. Da sah die konservative Regierung Anfang der 80er Jahre die Möglichkeit, die Frauen als schwächste und ungesicherte Schicht wieder aus der Berufswelt hinauszudrängen, um die knapper gewordenen Arbeitsplätze für die Männer zu reservieren. Die Überzeugungskünste, die sich die Politiker hatten einfallen lassen, waren geschickt gewählt, weil sie im Gewand der Moderne daherkamen und das Gedankengut aufgriffen, das selbst die zeitgemäßen Mütterfeministinnen im Munde führten. Sie schmierten den konservativen Frauen Honig ums Maul, indem sie ihre Unersetzlichkeit formulierten und ihnen das Gefühl vermittelten, dass sie mit einer strukturierten und bewussten Erziehung der Kinder an der Weltverbesserung im Kleinen mitwirkten. Sie gaben ihnen das Gefühl, dass ihre Stellung als Mutter von gesellschaftlich unschätzbarem Wert sei. So ließ Norbert Blüm 1981 verlauten: »... zu einer menschlichen Gesellschaft gehören Werte, die ihre Heimat in der Familienkultur haben, wie Liebe, Natürlichkeit, Treue, Hüten, Verzicht, Vorsorge für kommende Generationen. Mütterlichkeit ist das Symbol für diese Werte.« Und wer konnte Mütterlichkeit am besten repräsentieren? Richtig: die Mutter selbst.

Um der Mutterschaft nach außen hin den Anstrich der Gleichwertigkeit mit den Erwerbsberufen zu verleihen, wurden die Frauen mit dem finanziellen Angebot des Erziehungsgelds als Ausgleich für das verpasste Geld im Job wieder an den Herd gelockt.

So kam es, dass die konservativen Frauen in ihrer Rolle bestärkt wurden und fortan selbstbewusst aus dem Schattendasein neben ihren berufstätigen Männern hervortreten konnten, um sich, wie in der Staubsaugerreklame, als gleichberechtigte Familienmanagerinnen zu bezeichnen. In ihrer Nachfolge stehen auch heute noch die Frauen in traditionellen Familien, die frohgemut verkünden, »gern, bewusst und hauptberuflich« Mutter zu sein.

Wenn man Profimüttern, die von allen Frauen noch immer das traditionellste Frauenleben führen, sagen würde, dass ausgerechnet sie das Erbe der farbenfrohen Mütteremanzen der 80er Jahre angetreten haben, würde man in erstaunte Gesichter blicken. Doch in der Tat haben sie im Mantel der konservativen Familienstruktur das hohe Mutterideal der damaligen Mütteremanzen übernommen und feiern das Fest des Lebens in einer intensiv erlebten Schwangerschaft und Geburt, treffen sich in Krabbel- und Spielgruppen, reden von früh bis spät über Kinderkost, Babykleidung und frühkindliche Entwicklungsschritte und sind überzeugt, dass die zerbrechliche Kinderseele rund um die

Uhr eine liebevolle Mutter braucht. Ungeachtet der Tatsache, dass sich das Rad der Geschichte seit den 80er Jahren unermüdlich weitergedreht hat, dass heute mehr Frauen denn je Kinder und Beruf gleichzeitig erleben wollen und dabei an den Schwierigkeiten der Vereinbarkeit beider Lebensbereiche verzweifeln, dass intakte Familien mehr und mehr zur Ausnahme werden: Ein Großteil der öffentlichen Meinung hält unverdrossen am Postulat der heiligen Mutterschaft fest. Die Erziehung der Kinder erfordere nun mal die umsichtige, einsatzbereite Mutter (korrekterweise spricht man heute von Eltern) – anders kann man es sich auch heute noch kaum vorstellen.

Es ist schon sonderbar: Ausgerechnet in den letzten dreißig Jahren wurde an der Mutterschaft so lange herumgedoktert, bis sie zu einem Popanz angeschwollen ist, der die Kinderlose verschreckt, die Profimutter zur Märtyrerin und die Teilzeitmutter zur Hürdenläuferin macht. Nie war die Mutterrolle so mit Erwartungen und Anforderungen überladen, wurde mütterlichen Fürsorgerinnen so viel körperlicher wie emotionaler Einsatz am Kind abverlangt wie heute. Und das, obwohl Frauen heute über kein entlastendes Personal mehr verfügen, stabile Familienstrukturen mehr die Ausnahme denn die Regel sind, viele Frauen gezwungen sind, Geld zu verdienen, und auch gerne neben einem Leben mit Kindern ihre Persönlichkeit weiter entfalten möchten. Zusammengenommen ergibt das eine heillose Überforderung, sodass die heutige Müttergeneration unter einer schier nicht mehr zu bewältigenden Last ächzt, kombiniert mit einem dauerhaften Gefühl der Unzulänglichkeit. Doch statt einander solidarisch unter die Arme zu greifen und moralisch zu unterstützen, statt die überhöhten Vorstellungen von den mütterlichen Pflichten gemeinsam wieder herunterzufahren, entfesseln die erschöpften Frauen auch noch einen kräftezehrenden Wettstreit um das bessere Frauen- und Muttermodell. Wenn Frauen aus den verschiedenen Lagern hoffen, dass der entsprechend lobbyistische Ratgeber ihnen den Rücken stärken und sie darin unterstützen werde, unverdrossen an den eigenen Positionen festzuhalten und sich auf der richtigen Seite des Lebens zu wähnen, dann ist das nicht zu Ende gedacht. Frauen, vor allem Mütter, müssten sich vielmehr fragen, ob nicht besser das Phänomen Mutterschaft auf den Prüfstand kommen und einer großzügigen Entschlackung unterzogen werden sollte. Und sie müssten sich endlich darüber klar werden, dass das heutige Bild der Mutterschaft eine dem Zeitgeist unterworfene Modeerscheinung und keine feststehende Notwendigkeit ist. Dass wir zu Beginn des 21. Jahrhunderts vielleicht wieder an der Schwelle zu einem Wandel des Mütterbildes stehen, zeigen die neuen Akzente in der Familienpolitik. Auch in der Ratgeberliteratur werden allmählich moderatere Töne angeschlagen, und die Tendenz ist spürbar, Mütter wieder von ihrem chronisch schlechten Gewissen zu befreien. Es komme gegenüber Kindern nicht darauf an, »perfekt«, sondern viel eher »authentisch« zu sein. Authentisch können Mütter aber nur sein, wenn sie ihre individuellen Vorstellungen von sich als Frau und Mutter ausleben und mit ihren Kindern einen Umgang pflegen können, den *sie* für richtig halten – und das möglichst ohne bevormundende Einmischung von besserwisserischen Mitmüttern und anderen Frauen.

Von guten Müttern und besseren Menschen

Dem Bild der »guten« Mutter – bewusst oder unbewusst – entsprechen zu wollen, kostet Frauen einen immensen Preis. Die Währung ist: ein dauerhaft schlechtes Gewissen; nagende Zweifel, im Umgang mit den Kindern unterm Strich alles richtig zu machen; Unsicherheit, ob man sich das Leben passend genug fürs Kind eingerichtet habe; ein schleichendes Gefühl der Unzulänglichkeit, und ein Dauergezänk unter Müttern, wie man nun am besten mit dem Kind zu verfahren habe. Die Frage drängt sich auf: Was treibt Mütter, diesem Idealbild dennoch unverdrossen gerecht werden zu wollen? Warum erscheint uns die »gute« Mutter als eine *conditio sine qua non?*

Mit der Entwicklung der Psychoanalyse im vergangenen Jahrhundert ist erstmals die emotionale Bedeutung der Mutter für das Leben des Kindes in ihrer ganzen Tragweite erkannt und wissenschaftlich gedeutet worden. Dass ein Mensch nur dann in der Lage sei, ein Bewusstsein von sich selbst und vertrauensvolle Bindungen zu anderen Menschen aufzubauen, wenn er in der Mutter-Kind-Liebe die sogenannte »Bindungsphase« durchlebt habe, gilt seither als unerschütterliche Tatsache. Die Bedeutung der Mutter wurde mit diesem Erkenntnisgewinn höher bewertet als jemals zuvor in der Geschichte der Menschheit. Das gilt vor allem für die ersten Lebensjahre – also bevor erstmals andere Autoritäten wie Lehrer in das Leben der Kinder treten und ihre Ausbildung in Angriff nehmen. Die emotionale Verantwortung liegt nahezu ausschließlich bei den Müttern, sieht man von der stundenweisen Betreuung durch Erzieher im Kindergarten einmal ab. Andere Erziehungsinstanzen sind im Laufe der Geschichte allmählich weggebrochen: die Großfamilie, das Kindermädchen, der Hauslehrer oder sonstiges entlastendes Personal; auch der leibliche Vater ist meist einen Großteil des Tages abwesend oder durch Trennung ganz aus dem Leben des Kindes getreten.

Die Vorstellung von der Verletzlichkeit der kindlichen Psyche ist ein wesentlicher Faktor für die Entstehung der »guten« Mutter. Ein anderer Aspekt ist in den Folgen der gesellschaftlichen Umwälzungen nach 1968 zu finden, auch wenn das auf den ersten Blick absurd erscheinen mag. Aber das revolutionäre Aufbegehren der jungen Achtundsechziger gegen die Generation der Eltern hat erheblich zur Emotionalisierung der Erziehung und damit auch der Mutterrolle beigetragen. Wie hätten sie sich wirksamer von der Vorgängergeneration, deren Etabliertheit, deren Werte und deren Angepasstheit sie zutiefst verachteten, absetzen können als durch die Forderung, Werte und Moral für die Zukunft komplett neu zu definieren? Die kommende Generation sollte in einem vollkommen neuen Geist erzogen werden: nicht autoritär, nicht nach der Maßgabe, einen artigen, unauffälligen, angepassten Menschen heranzubilden, nicht unterdrückt durch reaktionäres Gedankengut, nicht gegängelt von verlogener Moral, sondern in freier Entfaltung der ganzen individuellen Persönlichkeit. Den Achtundsechzigern schwebte eine neue Generation vor, die mutig zu ihren persönlichen Überzeugungen stehen konnte und in der Lage war, sich unguten gesellschaftlichen Strömungen zu versagen, damit nicht noch einmal ein ganzes Volk freiwillig, folgsam und nahezu geschlossen einem Terrorregime folgte, wie in der ersten Hälfte des 20. Jahrhunderts. Sämtliche Anlagen des Individuums sollten zur Blüte kommen, der Mensch nicht durch gesellschaftliche Konventionen als zurechtgestutzter Spießbürger leben müssen. Der Schlüssel zu diesem neuen Menschen lag in der Erziehung: eine Erziehung des Gewährenlassens, die schon dem Kind die Möglichkeit einräumte, seine Einzigartigkeit auszuleben, sich selbst und die Welt frei zu entdecken, ohne die strafende Mutter oder den autoritären Vater im Hintergrund, die permanent Mahnungen, Gebote und Verbote zur Formung des Kindes aussprachen.

In ihrem Buch *Vorsicht Kind! Eine Arbeitsplatzbeschreibung für Mütter, Väter und andere* von 1983 empfiehlt Barbara Sichtermann im Geist jener Zeit den Müttern, sich als »Forschungsassistenten« ihrer Kleinkinder zu verstehen, die Sprösslinge in allen Welterkundungsgelüsten gewähren zu lassen, dabei beschützend im Hintergrund zu bleiben, dem Kind stets die Initiative zu überlassen und an allen seinen kleinen Unternehmungen Interesse zu zeigen, möglichst niemals in Eile zu sein und zu vermeiden, dem Kind das eigene, an beruflichen oder häuslichen Notwendigkeiten orientierte hektische Tempo aufzuzwingen. Dies alles motiviert durch den Glauben, dass ein Kind mit einer unverdorbenen, unschuldigen, zerbrechlichen Seele zur Welt komme, die nicht frühzeitig verdorben werden dürfe, also nach dem Motto: Es gibt keine problematischen Kinder, sondern nur problematische Eltern. Ein solcher Erziehungsstil hört sich nicht nur überaus anstrengend an, er ist es auch, weshalb Sichtermann empfahl, sich nach einigen Stunden Assistentenarbeit von anderen Betreuern ablösen zu lassen.[12] Das war wirklich etwas Neues: mehrere Betreuer auf ein Kind statt umgekehrt.

Aber grundsätzlich sind wir auch heute noch davon überzeugt, dass die Bedürfnisse des Kindes an erster Stelle kommen. So gesehen skizziert Sichermanns Arbeitsplatzbeschreibung recht passend das Bild der »guten« Mutter. Für Mütter – damals wie heute – erweist sich eine solche Vorstellung von Erziehung als tragisch, denn die wenigsten verfügen über die Möglichkeit, sich regelmäßig nach zwei Stunden ablösen zu lassen. Man kann sich nur wundern, dass Mütter nicht reihenweise den Verstand verloren haben angesichts eines solchen Lebens in dauerhafter Unterdrückung der eigenen Bedürfnisse. Aber die meisten leben vermutlich mit einem permanenten schlechten Gewissen, weil sie dieser Idealvorstellung nie gerecht werden können.

Und trotzdem prägt die antiautoritäre Erziehung mit ihrem obersten Gebot der freien Entfaltung des Kindes auch die heutigen Erziehungswerte: Die liebende, empathische Mutter, die selbst noch im Zorn ihre Liebe zu erkennen gibt, gilt noch immer als das Beste für das Gedeihen des Kindes.

Der Gemischwarenladen einer »richtigen« Erziehung

Trotz des Idealbilds der »guten« Mutter herrscht heute eine tiefe Verunsicherung über die richtige Erziehung unter Müttern und Vätern. Erziehungsratgeber sind für Verlage immer noch einer der lukrativsten Programmbereiche, weil jeder einen Rat auf Lager hat oder glaubt, der Experte zu sein, um anderen den Weg zur geeigneten Erziehung zu weisen. Dies stellt auch der Schweizer Kinderpsychologe Remo Largo fest: »Viele Eltern sind als Erzieher zutiefst verunsichert. Sie hungern geradezu nach konkreten Ratschlägen. Sie lesen Zeitschriften und Bücher in der Hoffnung, verbindliche Aussagen zu bekommen, wie Kinder zu erziehen sind. Fachleute und Medien machen es ihnen nicht leicht, gleicht doch ihr Angebot an Erziehungshilfen einem riesigen Gemischtwarenladen.«[13] Allein die Tatsache, dass die Regale unter dem Gewicht der Handbücher zu bersten drohen, ist ein sicherer Hinweis darauf, dass es keine verbindlichen, allgemeingültigen Erziehungswerte gibt und dass der Umgang mit Kindern überaus kompliziert zu sein scheint – ein weites Feld, scheinbar reich an Fallgruben für gravierende Fehltritte. Es ist ein Offenbarungseid, denn spätestens seit 1945 wurde so viel über die Rolle der Mutter und das Wesen der Erziehung geschrieben und diskutiert, wurden Methoden im Umgang mit dem Säugling empfohlen und wieder verworfen, dass doch mittlerweile eigentlich alles klar sein sollte. Ist es aber nicht. Hieß es in den Fünfzigern noch, man solle im Vier-Stunden-Takt stillen, so riet man in den Sechzigern aus Hygienegründen gänzlich vom Stillen ab und empfahl Flaschenmilch, während heute die Devise lautet: unbedingt Stillen und zwar nach Bedarf, also immer dann, wenn es das Kind nach Milch (oder Zuwendung) gelüstet. So wie die Rolle der Mutter dem Wandel des Zeitgeists unterliegt, ergeht es eben auch den Erziehungswerten und -trends: Sie kommen und gehen.

Es scheint, als hätten die großen pädagogischen Strömungen des vergangenen Jahrhunderts – die autoritäre Erziehung der Großelterngeneration und die progressiv antiautoritäre der Elterngeneration – bei den heute erziehenden Müttern und Vätern noch nicht zu einer stimmigen Synthese gefunden. Wer heute Kinder erzieht, der hat längst erkannt, dass es sich so lässig wie in der Nach-Hippiezeit, mit buntem Flower Power, auf Dauer nicht leben lässt. Auch die fröhlichen »Blumenkinder« brauchen Grenzen, sonst ist ein friedliches Zusammenleben von Eltern und Kindern nur schwer möglich. Längst hat sich die Einsicht durchgesetzt, dass Erwachsene die Welt für Kinder abstecken müssen, weil die kleinen »Forscher« sonst in der Fülle der Eindrücke verlorengehen – und vor allem, weil aus den unschuldigen Kindern schon bald kleine Tyrannen werden, die ihren Eltern das Leben zur Hölle machen. Nur: Grenzen zu setzen bedeutet auch, Härte und Konsequenz zu demonstrieren, Verbote und Strafen auszusprechen, weil Grenzen von Kindern ansonsten nicht als solche akzeptiert werden. Härte und Strafen widersprechen jedoch nach heutiger Auffassung dem Bild der liebenden Mutter. Die Mutter möchte nicht die wertvolle Beziehung zum Wunschkind beschädigen, indem sie als strenge, strafende Erzieherin auftritt. Sie möchte gerne Freundin oder Vertraute des Kindes sein. Hier zeigt sich anschaulich, wie Ideal und Realität der Mutterrolle tagtäglich aufeinanderprallen. So sollte eine »gute« Mutter gegenüber ihrer bockigen Tochter, die partout nicht das tun will, was die Mutter verlangt, trotz aller Wut auf das Kind stets geduldig und konsequent bleiben. Alles schreit in der entnervten Mutter, drängt sie, ihrem Zorn durch eine spontane Ohrfeige Luft zu verschaffen oder der verfahrenen Situation zu entfliehen und das Kind einfach stehenzulassen. Doch auch in heftigster Wut, so raten es vielstimmig die Erziehungshandbücher, soll sie dem tobenden Kind zugewandt bleiben und ihm zu verstehen geben, dass sie es trotzdem liebt. Möglich, dass man solche emotionalen Extremsituationen einmal am Tag nervlich durchsteht. Doch kann man von den erziehenden Müttern guten Gewissens verlangen, dass sie das

– überwiegend allein – jahrelang durchhalten, ohne darüber nicht doch irgendwann den Verstand zu verlieren? Natürlich ist es ein zivilisatorischer Fortschritt, dass wir keinen grob autoritären Erziehungsstil mehr befürworten und Schläge gegen Kinder ächten, weil sie ein Angriff auf deren Würde sind und dem obersten Gebot von Respekt und Liebe widersprechen. Aber darf man dennoch – ganz vorsichtig, ohne in den Verdacht zu geraten, die Prügelstrafe zu wollen – die Frage formulieren, ob wir mit der Ideologisierung der Mutterrolle und der Aufwertung der kindlichen Bedürfnisse bis hin zur Unantastbarkeit nicht am Ende die Erziehenden, sprich die Mütter, einer dauerhaften Überforderung bis hin zum seelischen Terror aussetzen? Besser gesagt: Setzen sich nicht die Mütter selbst dieser Überforderung aus, wenn sie einerseits dem Bild der »guten« Mutter entsprechen möchten (und andere Mütter dazu ermahnen), andererseits hundertfach im Alltag scheitern, weil das lebendige Kind ihrem Selbstbild Grenzen setzt. Den größten Angriff auf das Bild der liebenden Mutter unternimmt nicht selten das Kind selbst: durch sein Geschrei, seinen Trotz, seine Absurdität, seine Unberechenbarkeit, seine Unruhe und seine ständigen Bedürfnisse.

Eine Synthese zwischen der Wunschvorstellung der »guten« Mutter, wie sie sich schleichend im vergangenen Jahrhundert herausgebildet hat, und der tatsächlichen Mutterrolle hat bis heute nicht stattgefunden. Die vielen individuellen Lebensentwürfe, nach denen Frauen heute Mutterschaft ausleben, lassen darauf schließen, dass wir heute vielleicht mehr denn je auf der Suche nach einem befriedigenden Modell sind, das die Bedürfnisses der erwachsenen Frau und der Kinder in Einklang zu bringen vermag.

Auch in der Ratgeberliteratur weiß man um die Symptome mütterlicher Überforderung, weiß um den unauflösbaren Widerspruch der liebenden Mutter, die dennoch ihr Kind mit konsequenter Hand in die Welt führen möchte, ohne ihre Bedürfnisse, ihre Sehnsucht nach freier Persönlichkeitsentfaltung unterdrücken zu müssen. Denn wer sagt, dass freie Entfaltung und Weiterentwicklung der Frau von der Geburt des ersten Kindes an nicht mehr zählen? Derzeit eigentlich nur Eva Herman und Frank Schirrmacher. Die Ratgeberliteratur bemüht sich durchaus, den Frauen ihr quälendes Gefühl der Unzulänglichkeit zu nehmen und sie von ihrem schlechten Gewissen zu erlösen. Experten rücken den Müttern mit wohlmeinenden Tipps zu Leibe, schlagen dieses und jenes vor und trösten am Ende die verwirrten Mütterhirne mit interpretationsbedürftigen Sätzen wie: »Eine liebende Mutter weiß intuitiv, was das Beste für ihr Kind ist; jede wird ihren Weg in der Erziehung des Kindes finden.« Zum Glück haben gestresste Mütter kaum Zeit, sich durch alle Ratgeber zu arbeiten.

Tatsache ist, dass Uneinigkeit herrscht über die richtige Erziehung – und nicht nur unter Experten. Auch die Mütter selbst geraten über diese Frage untereinander in Streit. In den Chatrooms diverser Internetforen, den virtuellen Spielplätzen junger Mütter zum Austausch von Erziehungstipps, kann man sich täglich einen Eindruck verschaffen, wie vergiftet das Klima unter Frauen ist, wenn sie die vermeintlich einfache Frage zu klären versuchen: Wie sollte ein Baby am besten einschlafen? Soll sich die Mutter dazulegen, damit das Kleine keine Verlassensängste entwickelt? Soll es im Elternbett schlafen? Oder soll es in seinem eigenen Bettchen liegen und sich allmählich in den Schlaf weinen? Über solche Fragen, die mütterliche Gesinnungen und Überzeugungen berühren, können sich Frauen in Chatrooms über Stunden ankeifen. Und man glaubt herauszuhören, dass eine stolze Mutter es als ihr persönliches Verdienst ansieht, wenn ihr Kind früher trocken ist als andere, wenn es schon mit sechs Monaten durchschläft und nicht erst mit drei Jahren wie andere Kinder. Mütter scheinen den Erfolg ihrer erzieherischen Arbeit also auch an den »Leistungen« der Kinder festzumachen. Das ausgeglichene, fröhliche Kind ist ihnen Bestätigung dafür, eine »gute« Mutter zu sein.

Abschied von Bullerbü

Mit der Aufwertung der Mutterrolle hat sich auch die Bedeutung der Kindheit stark verändert. Über viele Jahrhunderte waren Kinder unverzichtbare Hilfskräfte ihrer Eltern, fest eingebunden in die familiäre Arbeits- und Lebensgemeinschaft, vor allem in ländlichen Gegenden und in den unteren Einkommensschichten. Heute gilt es als egoistisch, wenn Eltern von Kindern eine Gegenleistung erwarten, etwa einen Beitrag zur Hausarbeit. Kinder leisten so gut wie nichts mehr für das gemeinsame Familienleben. Wenn sie überhaupt einen Finger für häusliche Tätigkeiten rühren, ist das letztlich das Ergebnis harter Erziehungsarbeit der Mutter und betrifft auch meist nur das eigene Zimmer. Man kann stolz darauf sein, wenn es gelingt, Kinder dazu anzuregen, ohne regelmäßiges Murren den Tisch abzuräumen oder gelegentlich den Müll hinauszutragen. Kindheit gilt vielen Erwachsenen als Schonzeit, was dazu führt, dass eine Mutter sich noch bis zum Abitur für das Schmieren des Schulbrotes ihres Kindes verantwortlich fühlt. Mütter fühlen sich für alles zuständig, was ihre Kinder betrifft, für ihr körperliches wie auch ihr seelisches Wohl. Auf Elternabenden kann man oft beobachten, dass sich Mütter über jede pädagogische Kleinigkeit Gedanken machen. Sie beschweren sich, wenn Unterricht ausfällt, und sie beschweren sich, wenn die Kinder zu viel leisten müssen und ihre Kindheit nicht mehr unbeschwert ausleben können. Sie sind über alles im Bilde, was ihre Kinder in der Schule so treiben und scheuen sich nicht, bei der geringsten Unstimmigkeit den Lehrer aufzusuchen, um sich zu erkundigen, was genau vorgefallen ist. Und warum? Weil sie die Kinder in den Mittelpunkt ihres Lebens gestellt haben, anstatt sie als Teil eines größeren Ganzen in ihr Leben zu integrieren. Kinder zu haben ist keine Selbstverständlichkeit mehr – umso größeren Wert haben sie für das Leben der Eltern, oder treffender formuliert: der Mütter.

Doch eins verwundert: Trotz des kaum mehr zu überbietenden mütterlichen Engagements hört man an allen Ecken und Enden Klagen über den Erziehungsnotstand in diesem Land, über die gewaltbereiten, unhöflichen, unerzogenen und verwöhnten Kinder und Jugendlichen. Die Lage ist scheinbar so ernst, dass Susanne Gaschke ihr ein ganzes Buch mit dem Titel *Die Erziehungskatastrophe* gewidmet hat. Etwas läuft schief in diesem Land:

Überbehütung und Vernachlässigung scheinen zwei Seiten derselben Medaille zu sein. Während ein Teil der heutigen Kinder eine überaus behütete Kindheit erfährt, mit einem hohen Maß an liebevoller Zuwendung und anspruchsvoller Förderung, scheint ein anderer Teil, vor allem aus einkommensschwachen Schichten, häufig mit Migrationshintergrund, nur selten in den Genuss einer umhegten Kindheit zu kommen. Diese Gruppe sorgt derzeit immer wieder für Schlagzeilen. Aber auch dort, wo es Kindern an nichts fehlt, wo Mütter sich von früh bis spät um das Wohl ihrer Kinder kümmern und ihnen alles bieten, was sie zum Leben brauchen, auch dort hört man Klagen. Sie seien verwöhnt, maßlos, antriebslos und unverschämt. Letztlich bedauern wir alle den Verlust der unschuldigen Kindheit, wir beklagen, dass heutige Kinder im Auto sitzen, vor dem Fernseher und dem Computer hocken, sich zu wenig bewegen und manche darüber immer dicker werden – ein Zustand, der Kinder aus allen sozialen Schichten betrifft. Und das in einer Zeit, in der es Kindern so gut geht wie nie zuvor und in der sich eine ganz eigene Welt herangebildet hat, die sich nur um die Erfüllung kindlicher Bedürfnisse dreht. Aber das Kinderparadies von einst scheint dennoch verlorengegangen zu sein – so jedenfalls kommt es in der kollektiven Trauer über den Verlust von Bullerbü zum Ausdruck. Was aber macht den Charme dieser Astrid-Lindgren-Welt aus, in die wir unsere Kinder vorlesenderweise gerne entführen, als Ersatz für ein reales Paradies? Zum einen ist es die ländliche Idylle mit ihren eindeutigen Jahreszeiten und ihren festlichen Höhepunkten, dem Weihnachtsfest, dem Frühlingsfest, dem Sonnenwendfest. Dann die Tatsache, dass keine lauten Autos durchs Bild rauschen und die Lindgren-Kinder zu überfahren drohen. Der ganz besondere Charme der Bullerbü-Welt jedoch liegt darin, dass die Erwachsenen in ihr keine Rolle spielen, dass sich immer genügend Kinder zum Spielen zusammenfinden, die nicht von ihren Müttern hingebracht und abgeholt werden müssen, dass niemand von den Erwachsenen zusieht, wenn die Kinder etwas Verbotenes aushecken oder ihre Mutproben auf dem Rücken eines zahmen Stiers absolvieren – und er besteht auch darin, dass Kinder ganz selbstverständlich in die Aufgaben und Pflichten des Familienlebens eingebunden sind. Mütter sind in Bullerbü lediglich dazu da, für Inga, Lisa, Ole, Lasse und Bosse und wie sie alle heißen Pfannkuchen zu backen. Bei Pipi Langstrumpf, Lindgrens anderer weltberühmter Kinderheldin, gibt es erst gar keine Mutter; die Kleine lebt allein, macht, was sie will, und die Mutter wacht selig im Himmel.

Schade, perdu, die Welt von Bullerbü. In den Städten machen Autos die Straßen unpassierbar, Sexualverbrecher und Kinderschänder lauern vermeintlich überall, überhaupt gibt es keinen öffentlichen Raum mehr, in dem unsere Kinder frei spielen könnten. Die ganze Welt erscheint als kinderfeindlich und voller Gefahren, das kann man auch in der Zeitung lesen. Doch ist es wirklich die Welt, die so viel schlechter geworden ist? Der Gedanke, wir selbst könnten an der Demontage von Bullerbü mitgewirkt haben, weil wir den Kindern gar nichts mehr zumuten und zutrauen, kommt uns erst gar nicht. Kann man seine Kinder wirklich nicht mehr allein in der Gegend herumstreunen lassen? Muss man sie wirklich überall mit dem Auto hinfahren? Ole führt stets seine kleine Schwester im Schlepptau – vermutlich, weil die Mutter anderes zu tun hat, als auf die Kleine aufzupassen. Die Bullerbü-Mama vertraut Ole und überträgt ihm damit auch Verantwortung. Heute sucht man vergeblich nach Schulkindern, die auf ihre dreijährige Schwester aufpassen.

Wieviel Freiheit gewähren wir unsern Kindern? Diese Frage wurde jüngst in der mütterlichen Hauspostille, der Zeitschrift *Brigitte,* behandelt: »Noch die Mütter der Nachkriegsgeneration haben uns Verbote, Drohungen, Warnungen hinterhergerufen, wir haben uns all diese angehört und sind bis zum Abendbrot nach draußen gelaufen, um all das auszuprobieren, um zu testen, ob die Welt tatsächlich so voller Gefahren ist, wie die Mütter sagen.«[14] Von solch paradiesischer Freiheit können vor allem Stadtkinder heute nur träumen, denn selten haben sie die Möglichkeit, über Stunden unverplant und fern von dem wachsamen Auge der Mutter zu spielen und die Welt zu erkunden. Und warum? Weil ihre Mütter Angst haben und sich Sorgen machen, ihr Kind könnte von einem Auto überfahren oder entführt werden. Nun wird niemand bestreiten, dass die Welt hektischer, lauter und unübersichtlicher ist als die Idylle von Bullerbü. Doch rechtfertigt dieser Tatbestand, dass Mütter ihre Kinder davon abhalten, ein Stück Freiheit auszuleben, jenseits des ängstlich sorgenden und wachenden mütterlichen Auges? Müssen wir unseren Kindern wirklich alles verbieten, was nur den Hauch einer Gefahr birgt – wie etwa eine Eisfläche zu betreten, auf Bäume zu klettern, am Wasser herumzutollen, alleine zu ihren Freunden zu gehen –, als wären sie allesamt potentielle Selbstmörder?

Freiheit, schön und gut, mögen aufmerksame Mütter einwerfen, aber in Zeiten miserabler PISA-Ergebnisse brauchen Kinder eben auch frühe Förderung. Und da die Reformen in Schulen und Kindergärten zu langsam voranschreiten, müssen engagierte Mütter selbst die Initiative ergreifen und ihre vierjährigen Sprösslinge zur musikalischen Früherziehung fahren, zum Kinderturnen, Ballett, Hockey und was es noch so alles gibt. Das alles fehlt in Bullerbü – und auch wenn man nicht das Gefühl hat, als fehle den dortigen Kindern etwas, so stellen doch die Zeiten heute andere Anforderungen, oder?

Die Frage ist, wem die umfassende Für-Sorge und Sorge am Ende nützt? Dient sie wirklich nur dazu, die Kinder vor den Gefahren dieser Welt zu beschützen, oder sind sie nicht auch ein wichtiges Attribut der »guten« Mutter? Zur Liebe gehöre auch die Sorge, und zur Sorge das Beschützen, so glauben Mütter, wenn sie »gute« Mütter sein wollen. Haben sie Angst, man würde ihnen vorwerfen, die Kinder zu vernachlässigen, wenn sie sie unbeaufsichtigt in den Hof schicken, obwohl der nicht lückenlos eingezäunt ist? Oder wenn sie sie großräumig im Park alleine Fahrrad fahren lassen, oder wenn sie sie alleine auf dem Spielplatz klettern und auch herunterfallen lassen und nicht ständig hinterherlaufen? Hört man da nicht schon die Vorwürfe: Zu wem gehört denn das Kind? Wo ist denn deine Mutter? Und gehört es nicht zum

Ton der »guten« Mutter, zu sagen: »Ich habe mir solche Sorgen gemacht!«, wenn das Kind eine halbe Stunde später vom Kindergeburtstag nach Hause kommt – obwohl die Mutter weiß, dass es nicht allein im Wald unterwegs war, sondern bei der Freundin? Gehört es zum Bild der liebenden Mutter, das Schlechte und Böse so lange wie möglich aus dem Leben des Kindes herauszuhalten, damit der kleinen Seele frustrierende Erfahrungen erspart bleiben?

Man könnte ganz nüchtern – vielleicht auch ein wenig gemein – sagen: Mütter brauchen die Sorgen, um ihr Tun zu rechtfertigen, um zu erklären, warum sie ihr Kind überallhin chauffieren, anstatt in der Zeit etwas anderes zu erledigen. Mütter brauchen die Sorgen, um zu erklären, warum sie so viel Zeit mit ihren Kindern verbringen und dafür auf andere Tätigkeiten verzichten.

Natürlich lassen sich mit einem Verweis auf Bullerbü nicht einfach alle Sorgen vom Tisch fegen. Die meisten von uns leben nicht in Bullerbü, sondern in Städten und Vorstädten, kleinen und größeren Wohngebieten mit jeweils unterschiedlichen Gefahren. Dennoch sollten wir uns fragen, wie wir unseren Kindern ein Leben ermöglichen könnten, das sie wenigstens einen Hauch von Bullerbü verspüren lässt.

Die besseren Menschen?

Der Gedanke, dass eine gelungene Erziehung nicht ohne eine »gute« Mutter zu haben sei, ist die *äußere* Motivation, aus der heraus Frauen sich abmühen, dem Bild der Idealmutter zu entsprechen. Der *innere* Antrieb für all ihre Bemühungen ist eine Konsequenz aus den beiden vergangenen Frauenbewegungen: Die Mütterlichkeit, ja das Matriarchat selbst, gilt als das bessere menschliche Prinzip. Auch bei den heutigen Profimüttern, die die Erziehung der Kinder zu ihrer Lebensaufgabe erklärt haben, lebt diese unerschütterliche Grundüberzeugung fort. Kinder gelten als schützenswerte Wesen, und Mütter, die sich hingebungsvoll um die noch unverdorbenen Geschöpfe kümmern, halten zwangsläufig das Schicksal der unverdorbenen, besseren Welt, für die Kinder stehen, in ihrer Hand. In der Mutterrolle können sich Frauen auch selbst positiv erfahren und alle wertvollen Attribute, die Menschen zu bieten haben, ausleben: Geduld, Selbstlosigkeit, Fürsorge, Liebesfähigkeit, Bescheidenheit und Verzicht – um nur einige wenige unter den »guten« Eigenschaften zu nennen.

Die Opferrolle, die vor allem die Mütterfeministinnen gegenüber »dem Ghetto der Nichtmütter« und besonders gegenüber Männern eingenommen haben, ergänzt das Bild der »guten« Mutter. Sich-Opfern bedeutet, sich selbst zurückzunehmen und für andere dazusein, mehr zu geben als zu nehmen. Liebe und Selbstverzicht gehören zum Berufsethos, und im Bewusstsein, sich mit aufopferungsvoller Sorge nicht nur für die Kinder, sondern letztlich für die ganze Gesellschaft persönlich einzusetzen, erfährt die »gute« Mutter auch ein »gutes« Selbstwertgefühl. Die Überzeugung, als Mutter ein besserer Mensch zu sein, treibt die Frauen an, in »begeisterter Selbstüberforderung« Freude und Last der Mutterschaft zu genießen.

Wenn sich eine »gute« Mutter über die sogenannte »Rabenmutter« empört, dann weniger, weil sie sich tatsächlich um deren angeblich vernachlässigte Kinder sorgt, sondern weil sie die schlechten Eigenschaften ihrer Mitstreiterin verachtet. So gesehen profitiert die »gute« Mutter auch von ihrem negativen Widerpart, indem sie sich selbst als noch wertvoller empfindet. Was wäre, wenn wie in Frankreich die »Rabenmutter« in unserer Vorstellungswelt gar nicht existierte? Ihre moralische Minderwertigkeit erhebt letztlich die »gute« Mutter auf ihr hohes Podest. Doch, Vorsicht – Hochmut kommt vor dem Fall, und der kann auch bei der »guten« Mutter schneller kommen als erwartet.

Im der selbstgebauten Falle der »guten« Mutter

Dass den Müttern im Leben ihrer Kinder eine zentrale Rolle zufällt, ist schon biologisch vorgegeben. Interessant ist jedoch die Frage, wie weit die Verantwortlichkeit der Mütter für die Erziehung und Entwicklung des Kindes geht, und inwieweit Mütter sich bisweilen sogar selbst und allein dafür verantwortlich machen.

Die Mutter führt die Regie in der Kinderstube, auch heute noch, und sie empfindet sich selbst als die Hauptverantwortliche für das kindliche Lebensglück. Zu dieser Aufwertung ihrer Rolle haben die Mütter hierzulande in den letzten Jahrzehnten selber einiges beigetragen, wie wir gesehen haben. Die alleinige Verantwortung führt dazu, dass sie umgekehrt auch zu Hauptschuldigen werden, wenn etwas schiefläuft – was leider nicht selten der Fall ist. Diese Schattenseite der strahlenden Mutterliebe ist vielen Frauen bewusst, und mehr noch: Sie führt im Umkehrschluss auch zu der leisen Ahnung, dass die größte Gefahr für das Kind am Ende von den Müttern selbst ausgehen könne.

Im Grunde müsste bei jeder jungen Mutter helle Panik ausbrechen, wenn sie der Annahme glauben schenkt, dass eine allzeit zufriedene, glückliche, liebende Mutter die wichtigste Voraussetzung für das Wohl des schutzbedürftigen Menschenkindes ist. Denn wir alle wissen, dass die Realität anders aussieht und dass die »gute« Mutter, die wir unseren Kindern sein wollen, ein Idealbild ist, eine Wunschvorstellung, der wir nie wirklich gerecht werden können. »Der ständige Umgang mit Kindern«, so schreibt Jane Swigart, »fördert unsere großzügigsten Seiten zutage – und unsere gemeinsten: Grausamkeit, Gleichgültigkeit, Besitzgier, Neid und Unwillen nicht nur über den Anspruch des Kindes auf Fürsorge, sondern auch über das langweilige, sich dauernd wiederholende Füttern, Wickeln und Pflegen.«[15] Auch wenn uns die strahlende Mami in der Pampersreklame etwas anderes suggerieren möchte: Wir alle wissen, dass uns die Zeit mit einem Baby wenig Raum für Ausgeglichenheit und eigene Bedürfnisse lässt.

Der Biorhythmus des Kindes entscheidet, wie wir unsere Tage und Nächte gestalten: Wickeln, Füttern, Schlafen, Wachen, Anziehen, Ausziehen, Herumtragen, Spazierengehen, Wickeln, Füttern, Wachen und so weiter. Selbst die liebevollste Mutter muss sich eingestehen, dass sie dabei mehr als einmal Gefühle der Langeweile, der Gleichgültigkeit, des Widerwillens gegen diese totale Fremdbestimmung entwickelt. Dummerweise sind das jedoch alles Gefühle, die nicht zum Bild der glücklichen Mutter passen, die ihr nicht zustehen.

Auch wenn die Kinder größer werden, ist das Leben der Mütter oft anstrengend und eintönig. Sie bleiben auf Jahre hinaus den Bedürfnissen der Kinder und deren Alltag unterworfen, ob sie wollen oder nicht. Im Laufe meiner elfjährigen »Karriere« als Mutter habe ich nicht eine getroffen, die nicht – neben allem Mutterglück – unter der Last der Kinderpflege und Fürsorge gelitten hätte, häufig bis zu einem körperlichen und seelischen Knock-out – mich selbst inbegriffen. Und doch werden alle Mütter gleich einem Uhrwerk unermüdlich von einer inneren Kraft angetrieben. Ihr mütterliches Denken suggeriert, dass Kinder verletzliche, empfindsame und zerbrechliche Wesen sind, deren beeinflussbare Psyche Schaden nehmen kann, wenn sich die Mutter aus Erschöpfung oder Widerwillen ihnen gegenüber abweisend, kalt oder gleichgültig verhält. Die Angst davor, dass die Psyche des Kindes durch mütterliches Fehlverhalten einen irreversiblen Schaden erleiden könne, ist der verlässlichste Antrieb dafür, dass Frauen sich bemühen, so gut es eben geht, eine »gute« Mutter zu sein. Mütter, die ihre Kinder trotzdem in die kalte Dusche stellen, sie anschreien, weil ein Glas Milch umgekippt ist, ungeduldig sind, weil sie nicht schnell genug in die Sandalen kommen, bei den Schulaufgaben mehr keifen denn loben, genervt mit den Augen rollen, wenn das Kind mal wieder hingefallen ist und brüllend getröstet werden möchte, keine Lobeshymne anstimmen über die unkenntliche Bastelarbeit – solchen Müttern ist das schlechte Gewissen ständiger Begleiter. Sie setzen alles daran, den Schaden wiedergutzumachen, nehmen sich vor, beim nächsten

Mal nicht zu schreien, geduldig zu sein, begeistert zu loben und für alles und jeden ein offenes Ohr zu haben … bis zum nächsten mütterlichen Versagen.

Etwas Gutes hat das chronisch schlechte Gewissen bei Müttern schon, auch wenn sie darunter leiden: Es ist das größte Selbstkorrektiv und es bekundet die stete Bereitschaft, sich zu bessern. »Vielleicht«, so schreibt Swigart, »ist dieses Bewusstsein, wie leicht man ein Kind verletzen kann, eine der größten moralischen Errungenschaften des westlichen Denkens.«[16] Aber wann und wie schnell werden Kinder so verletzt, dass tatsächlich ein irreparabler Schaden entsteht?

Mütter, die dem Anspruch einer fürsorglichen, empathischen Mutter gerecht werden wollen, erleben die Angst vor irreversiblen psychischen Schäden ihrer Kinder als größte Antriebskraft für ihr Tun und Durchhalten. Sie scheuen trotz aller Mühen davor zurück, die Erziehungsarbeit outzusourcen – schließlich könnten andere Bezugspersonen noch schneller Schäden anrichten, weil diese das Kind niemals so gut verstehen wie sie selbst. Bei einer solchen gedanklichen Ausgangslage geraten viele in eine Endlosspirale – sie zappeln wie ein Fisch im Netz aus Liebe, Angst, Schuldgefühlen und dem Wunsch, nur das Beste für ihr Kind zu wollen.

Keine Frage, es gibt sie, die glücklichen Frauen, für die die Rolle der »guten« Mutter wie maßgeschneidert ist. Es gibt auch die Frauen, die dankbar und wie selbstverständlich die Erziehung der Kinder auf mehrere Schultern verteilen und sich »nur« im selben Maße verantwortlich für das Wohl ihrer Kinder fühlen wie die Väter oder andere Bezugspersonen, was sich meist in einer paritätischen Arbeitsteilung und der Berufstätigkeit beider Elternteile zeigt. Aber es gibt auch die Mütter, ob berufstätig oder nicht, die über die Alleinverantwortung klagen und die dennoch keinen Ausweg aus der ihnen zugeschriebenen Mutterrolle sehen – ja, manchmal auch gar nicht sehen wollen.

Man kann nur darüber staunen, dass Frauen, die lauthals über die Belastung jammern, dennoch sämtliche Belange rund um

Kind und Haus an sich reißen und allein bewältigen möchten. Offenbar gehört es zu ihrem Selbstbild der kraftvollen, dynamischen, selbstlosen Mutter, die weiß, was sie will, und die hier ihre Aufgabe sieht – durchaus in Opposition zum Mann und Vater. Mit der aufwendig betriebenen Mutterrolle, in der sie sich als Expertin sieht, möchte sie der Vollbeschäftigung ihres Mannes etwas Gleichwertiges entgegensetzen. Dazu gehört es, die Grenzen der Belastbarkeit immer weiter auszureizen, darüber zu stöhnen und zu jammern und insgeheim Bewunderung hervorzurufen. Diese Frauen beschwören nicht das Mitleid der anderen, wenn sie ihre enorme Belastung kundtun, denn das würde ja möglicherweise Hilfsangebote von Männern oder Bekannten oder Müttern oder Schwiegermüttern nach sich ziehen. Und konkrete Hilfsangebote würden Entlastung bedeuten – was das hehre Selbstbild, eine aufopferungsvolle, liebende Mutter zu sein, schmälerte. Nein, die Klagen sollen das schlechte Gewissen der anderen, vor allem der Männer wecken – ein schlechtes Gewissen, das letztlich in Anerkennung für den außerordentlichen Einsatz der Frauen umgemünzt werden soll. Auch wenn solche Frauen es selbst nicht merken und es schon gar nicht zugeben würden: Sie sind letztlich Gefangene ihres eigenen Selbstbilds.

Bei solchen Frauen sind die Väter oft nur eine Art Babysitter. Die Mutter ist die eigentlich zuständige und verantwortliche Person, der Vater lediglich ein Aushilfs- und Freizeitassistent der Mutter, zugleich der Mann für besondere Notfälle, wenn die erschöpfte Mutter einmal dringend eine Pause braucht oder berufliche Dinge sie von ihrem eigentlichen Tätigkeitsfeld abberufen. In Ausnahmesituationen greifen Mütter gerne auf ihre Männer zurück. Doch die Vorstellung, ihnen das Feld der Fürsorge ganz zu überlassen, um vielleicht wieder den Beruf aufzunehmen oder einfach um tatsächlich Konsequenzen aus der verkündeten Unzufriedenheit mit ihrer Rolle zu ziehen, erscheint letztlich unmöglich. Zu tief sitzt die Überzeugung, das Kind brauche *sie*, die Mutter, sodass es letztlich keine Alternative zur klassischen Rollenaufteilung gibt.

Von mütterlichen Männern

Vor diesem Hintergrund erscheint die von Müttern gerne betriebene Männerschelte in einem anderen Licht. Sicherlich ist es immer noch so, dass kaum ein Ehemann und Vater freiwillig Hausarbeit und Kindererziehung an sich reißt. Doch muss man aus Gründen der Gerechtigkeit auch einmal fragen, inwieweit Frauen an der männlichen Verweigerungshaltung Mitschuld tragen. Im Zeitalter der Gleichberechtigung könnte man doch erwarten, dass frau mit einer gehörigen Portion Selbstverständlichkeit auf eine zufriedenstellende Aufgabenverteilung innerhalb der Familie pocht, damit jeder seinen Lebenszielen zumindest einigermaßen nachgehen kann.

Wenn man die Klagen der Frauen belauscht, fragt man sich: Sind Männer wirklich weniger in der Lage, sich um ihr Kind oder ihre Kinder zu kümmern? Fehlt ihnen das originär Mütterliche? Die Wissenschaft widerlegt das klar und deutlich, wie der Artikel »Väter oder Mütter? An allein erziehenden Männern lernen Forscher, wie wichtig der Papa für Kinder ist« im Magazin *Wissen* 09/2006 der *Süddeutschen Zeitung* darlegt. Sie sind nicht nur wichtig, sie machen – wenn sie es denn wollen und man sie auch lässt – ihre Sache genausogut wie Mütter. Doch befragt man Frauen zu den »mütterlichen« Fähigkeiten ihrer Männer, hat man den Eindruck, Männer wüssten nicht, was die Bedürfnisse der Kinder seien und wie man ihnen gerecht werde. Banal sind manchmal die Unzulänglichkeiten, die Frauen ihren Männern im Umgang mit den Kindern vorwerfen – wie beispielsweise, dass sie nicht entscheiden könnten, welche Jacke das Kind bei welchen Außentemperaturen anziehen müsse. Fundamentaler sind die Vorwürfe der väterlichen Unzulänglichkeit, wenn Frauen ihren Männern fehlendes Einfühlungsvermögen für die empfindliche, liebesbedürftige Seele des Kindes attestieren. Nicht wenige drängen ihre Männer auch deshalb aus der Erziehung heraus, weil sie glauben, dass sie davon einfach keine Ahnung haben.

Reißen Mütter die Erziehung ihrer Kinder also an sich, weil sie tatsächlich von Natur aus mehr dazu befähigt sind? Oder glauben sie das nur? Erweisen sich Männer aus biologischen Gründen tatsächlich als unfähiger? Oder räumen Männer einfach nur vorzeitig das Feld, wenn sie spüren, dass ihre Frauen ungefragt das Kommando übernommen haben? Es mag für einige von ihnen schmerzhaft sein, für viele aber auch bequem, wenn sie die permanente Unterstellung, in Kinderfragen nicht kompetent zu sein, zum Anlass nehmen können, sich tatsächlich rauszuhalten.

Wenn ein Mann vorübergehend einmal das Kommando auf dem häuslichen Schiff übernehmen muss, hört man von Müttern meist lobende Worte: »Er hatte alles prima im Griff, den Kindern ging es gut.« Als wäre das keine Selbstverständlichkeit. Bevor sie jedoch das Schiff verlassen, versehen Mütter ihre Männer häufig mit einem detaillierten Katalog, einer Art Handlungs- oder Gebrauchsanweisung, damit auch alles »richtig« läuft – um nicht zu sagen: so läuft, wie sie es für richtig halten. Auch die Kinder bekommen bisweilen Bücher, in die sie während der Abwesenheit der Mutter alles hineinschreiben können, was sie bewegt. Und sind die Mütter dann fort, halten sie aus der Ferne die Zügel immer noch fest in der Hand, etwa durch permanente Anrufe.

Beobachtet man Väter mit ihren Kindern, muss man feststellen, dass sie oft wesentlich entspannter wirken als die Mütter, und zwar nicht, weil sie die Aufgabe als weniger anstrengend oder beglückend empfänden. Es scheint vielmehr, als wären sie emotional weniger überfrachtet im Spiel mit den Kindern, weil sie nicht vom ideologischen Virus der »guten« Mutter infiziert sind, der stets eine ganze Palette an Gefühlen im Umgang mit den Kindern mit im Gepäck führt. Ob wir uns an ihnen nicht doch hin und wieder ein Beispiel nehmen sollten? Wenn Kinder einen Tag oder einen Nachmittag mit ihrem Vater verbracht haben, wirken sie glücklich und entspannt. Zugegeben, Väter picken sich natürlich die Rosinen in der Erziehung heraus, wenn sie sich auf den spielerischen und unterhaltenden Part stürzen. Ein Vergnügungspapi hat bei Kindern natürlich gute Karten.

Doch da gibt es noch etwas, was die Beziehung von Kindern

und Vätern anders erscheinen lässt. Väter opfern sich niemals ganz für ihre Kinder auf, wenn sie mit ihnen zusammen sind. Ihre Bedürfnisse verlieren sie nicht annähernd so sehr aus den Augen, wie das Müttern immer wieder passiert. Sie versuchen in der Regel, das Angenehme mit dem Nützlichen zu verbinden, und die Kinder scheinen ihnen das nicht wirklich übelzunehmen. Im Gegenteil, es entlastet sie ein Stück weit von der permanenten Rundum-Fürsorge und Überwachung, und sie sind eher bereit, sich bei der Hausarbeit hilfreich gegenüber dem Vater einzubringen als gegenüber der Mutter.

Die Basis beim Umgang der Väter mit ihren Kindern ist natürlich eine vollkommen andere: Sie wissen, dass sie nicht hauptverantwortlich für ihre Kinder sind. Frauen kontern daher gern: »Der hat es ja leicht, er muss sie ja nicht jeden Tag an die Schulaufgaben prügeln.« Die Frage stellt sich trotzdem: Muss es überhaupt jemanden geben, der sich immer für alles und jedes allein verantwortlich fühlt?

Von der Partnerschaft in die Papi- und Mamirolle

Frauen haben ihren Erziehungsauftrag häufig derart verinnerlicht, dass sie schon mal den Partner mit dem Kind verwechseln und ihn nebenbei mal schnell mit erziehen. Vielleicht erklärt auch dieser Umstand die drastischen Veränderungen in einer Beziehung vor und nach der Geburt des Kindes. Aus einem ehemals gleichberechtigten Paar, bestehend aus Mann und Frau, wird nicht selten eine Verbindung, die sich mehr und mehr über die Rollen als Vater und Mutter definiert. Besonders gefährdet sind solche Paare, bei denen die Frau alles in die Rolle der »guten« Mutter investiert und der Mann über die emotionalen Veränderungen seiner Frau nur staunen kann. Ohne diese Frage, die nicht Thema dieses Buchs ist, vertiefen zu wollen, muss man doch erkennen, dass das vehemente Streben nach dem Idealbild der Mutter dazu führt, dass so manche Frau sich von ihrem Mann entfremdet. Nicht nur Männer sehen ihre Frauen plötzlich mit anderen Augen, auch Mütter sehen in ihren Männern oft enttäuschende

Väter. So erwarten manche Frauen, dass die Männer dem Kind ebensoviel Zuwendung angedeihen lassen, wie sie selbst es tun. Und sie deuten es als ein Zeichen von Lieblosigkeit und Desinteresse, wenn die Zuwendung nicht so ausfällt, wie sie es erwartet haben. Dabei lieben Väter ihre Kinder – die meisten jedenfalls – genauso, wie die Mütter es tun. Nur bedeutet die Vaterschaft bei vielen Männern nicht eine kopernikanische Lebenswende. Wenn heutzutage immer mehr Ehen zerbrechen, kann man diese schleichenden Unstimmigkeiten zweifellos in den Ursachenkatalog aufnehmen. Wie analysierte noch gleich Alice Schwarzer das Scheitern der Ehe von Dana und Til Schweiger: »Aber wie es so ist: Sie managt zu Hause die vier Kinder, er ist unterwegs in der Welt. Eines Tages hatten die beiden sich nichts mehr zu sagen.«[17] Zu sagen hatten die beiden sich bestimmt noch jede Menge, doch vermutlich verstanden sie einander nicht mehr.

Das Mutti-Programm

Wie konnte es nur passieren, dass in Deutschland Heerscharen von Müttern felsenfest davon überzeugt sind, dass sie das angeblich geforderte Mutti-Programm absolvieren müssen, obwohl sie allein auf weiter Flur stehen, ohne entlastendes Personal und weitestgehend ohne einsatzfreudige Männer?

Sie führen ein getaktetes Leben, das nur geringfügige Lücken für eigene Bedürfnisse und Lebenswünsche offen lässt. Erst wenn die Kinder größer werden, können sie hoffen, wieder mehr Zeit für sich zu haben. Und in der Tat: Viele Mütter entdecken sich völlig neu, wenn die Kinder groß und aus dem Haus sind und nicht mehr ihrer täglichen Fürsorge bedürfen. Sie wirken dann oft regelrecht befreit und stürzen sich, nach anfänglichem Zögern, lebenshungrig auf all die Aktivitäten, die sie immer schon mal erleben wollten. An Müttern fast erwachsener Kinder kann man beobachten, dass für sie plötzlich all das nicht mehr wichtig ist, weswegen sie noch wenige Jahre zuvor mütterlichen Mitstreiterinnen die verletzendsten Kinnhaken verpasst haben. Sie haben ihre »Lebensaufgabe« bewältigt – ob gut oder schlecht, müssen sie mit sich selbst ausmachen. Streit- oder Kampfthema ist die Entwicklung der Kinder nicht mehr, weil die Eigenverantwortung der jungen Erwachsenen in dem Maße zunimmt, wie die mütterliche Verantwortung abnimmt.

Supermütter würden allerdings nicht unbedingt von »Befreiung« sprechen, denn das tagesfüllende Leben mit Kindern – so behaupten sie – entspreche doch genau ihren inneren Bedürfnissen. Die Kinder zu fördern und aufs Leben vorzubereiten, sei ihnen Erfüllung. Sehen wir großzügig über ihr Stöhnen und Jammern hinweg – ebenso wie über die Tatsache, dass viele von ihnen noch vor dem Wetterbericht auf dem Sofa zusammenbrechen. Möglicherweise haben Supermütter die größten Schwierigkeiten damit, dass ihre Kinder doch irgendwann flügge werden und sie als Mutter nicht mehr gebraucht werden. Was andere Frauen als Befreiung erleben, erfahren sie als schmerzlichen Abschied einer liebgewordenen Lebensaufgabe.

Das Mutti-Programm mit seiner vorgegebenen Matrix birgt in jedem Fall die Gefahr, dass Frauen sich in den Widersprüchen aus Erwartung und nüchterner Realität verfangen. Bei allem Bemühen, ihrer Rolle gerecht zu werden, verlieren viele Frauen die Pluralität der Möglichkeiten völlig aus den Augen. Sie sehen nur den einen Weg, die eine Rolle, die eine Verantwortlichkeit – und sie tun sich schwer damit, ihrem Mann einen geeigneten Platz in diesem System zuzuweisen. Bei allem Bemühen geraten sie in Streit darüber, wie das adäquate Lebensmodell auszuführen sei und wer die beste Mutter für ihr Kind ist.

Nehmen wir einen Mann als Schiedsrichter im unermüdlichen Boxkampf der Frauen. Laut Wolfgang Schmidbauer, Psychoanalytiker aus München, gilt folgende Rangliste: »Am besten für kleine Kinder ist die zufriedene Hausfrau, dann die zufriedene berufstätige Mutter, dann die unzufriedene berufstätige Mutter. Und am schlechtesten für das Kleinkind ist die unzufriedene Hausfrau.«[18] Wesentlich schlichter formuliert bedeutet das: Das Beste für kleine und große Kinder ist eine glückliche Mutter – doch über den

Weg zu ihrem persönlichen Glück sollten Frauen selbst entscheiden – ohne weibliche Einmischung.

(K)ein Recht auf Kinder?

Die größte Verletzung – so etwas wie der endgültige K.-o.-Schlag, den Mütter einander zufügen können – bedeutet es, wenn Mütter einander das Recht auf Kinder absprechen. Solche Tiefschläge kommen immer dann, wenn eine Frau neben ihren Kindern – nicht anders als die Väter der Kinder auch – ihre individuelle, berufliche Biographie weiterleben möchte. Hier sei zur Erinnerung noch einmal Ursula von der Leyen erwähnt. Sie, die Reizfigur der Nation, äußerte einmal in einem Artikel des *Kölner Stadtanzeigers*, der sogleich erboste Leserbriefe nach sich zog, folgenden Satz: »Es kann nicht falsch sein, dass ich bei allen Muttergefühlen ein Mensch mit Wünschen, Sehnsüchten und Wissensdurst bleibe; ein Mensch, der seine Fähigkeiten entfalten möchte und bei aller Liebe zum Kleinkind auch ganze Sätze sprechen will.«[19]

Ein solcher Satz provoziert, weil zwei scheinbar nicht zusammengehörige Dinge miteinander verbunden werden: die Liebe zum Kind und die Liebe zum eigenen Leben. Frauen wie Ursula von der Leyen wird immer wieder unterstellt, dass sie ihre Kinder weniger lieben, weil sie ihretwegen nicht auf eine Karriere verzichtet haben. Dabei wird nicht wahrgenommen, dass eine Mutter, die zugunsten ihres eigenen Lebens gerne andere für die Betreuung ihrer Kinder einspannt, dadurch keinerlei Auskunft darüber gibt, ob sie ihr Kind liebt oder nicht. Mit der Wahl ihres Lebenswegs bringt sie lediglich ein anderes Verständnis der Mutterrolle zum Ausdruck, als man es ihr mehrheitlich vorschreiben möchte. Wenn Väter in der Lage sind, ihre Kinder zu lieben, obwohl sie sich nicht den ganzen Tag um sie kümmern – warum sollte das bei Müttern anders sein? Wer sagt, dass sich Mutterliebe nur durch zeitliche Quantität auszeichne?

Die »gute« Mutter ist wie eine heilige Ikone, und eine Frau und Mutter, die sagt, sie empfinde das tägliche Zusammensein mit einem Kleinkind als emotionale Über- oder Unterforderung, bricht ein heiliges Tabu. In Zeiten eines ideologisierten Mutterbildes ist es »zur Pflicht geworden, die Mutterschaft zu genießen«.[20] Nicht das bis an den Rand der körperlichen Erschöpfung und seelischen Abstumpfung gehende Leben mit einem quengeligen, fordernden und unberechenbaren Kind ist das Problem – das Problem ist in jedem Fall die Mutter, die nicht klaglos in einem solchen Leben aufgehen mag.

Wie gesagt: Es gibt Frauen, die in dieser idealisierten Mutterrolle aufblühen, für die es auch keine Überforderung ist, die Verantwortung für die Kinder allein zu tragen, die Erziehung in die Hand zu nehmen und alle weiteren Aufgaben, die durch den Haushalt noch auf sie zukommen, zu erledigen – gelegentliche Zustände der Erschöpfung sind eingeplant und werden akzeptiert. Es gibt Frauen, die nicht den leisesten Zweifel daran hegen, dass Kinder eine altruistische Mutter brauchen, die zugunsten der Kinder Beruf und Karriere zurückstellt, weil es scheinbar keine vernünftige Alternative zu diesem Modell gibt. Darin ist nichts Verwerfliches zu sehen. Problematisch wird es nur, wenn sie ihre Sichtweise als Modell für alle geltend machen, was sie in dem Moment tun, da sie über Frauen die Köpfe schütteln, die sich dieser Vorgabe entziehen, auf Kinderbetreuung setzen oder ihren Mann paritätisch einspannen. Der (zumindest indirekte) Vorwurf lautet dann immer, dass sie die schlechteren Mütter seien und sich mit der Verweigerung des normierten Muttereinsatzes an ihren Kindern versündigten. Übersehen wird dabei, dass die idealisierte Mutterschaft heute für einen Großteil der Frauen ein kaum mehr lebbares Modell ist, weil sie einerseits an ihren Lebensinteressen vorbeigeht und andererseits ihre Kräfte überfordert. Womit nur in zweiter Linie die körperlichen Kräfte gemeint sind. Vielmehr werden die seelischen Kräfte übermäßig beansprucht, wenn Mütter sich alleine verantwortlich für das Gedeihen der Kinder fühlen. Wer sich dieser Alleinverantwortung entziehen will, gilt heute als egoistische, schlechte Mutter.

Dabei scheinen wir vergessen zu haben, dass die Alleinzuständigkeit für Kinder eine historische Ausnahmesituation ist. Ein emotional entlastendes und hilfreiches Netzwerk stand in früheren Zeiten *jeder* Mutter zur Verfügung. Warum wird von heutigen Müttern etwas erwartet, das keine Frau je leisten musste und sollte? Weil wir erst jetzt um die einzigartige Beziehung zwischen Mutter und Kind, dieses Band aus unerschütterlicher Hingabe und Liebe wissen? Oder weil wir meinen, aufgrund wissenschaftlicher Erkenntnisse wieder zu den Grundwerten der Naturvölker zurückkehren zu müssen?

Doch wer im Umgang mit dem Nachwuchs Naturvölker mit zivilisierten Gesellschaften vergleicht, wie es Evolutionsbiologen, Anthropologen oder nostalgisch verklärte Soziologen gerne tun, der übersieht einen entscheidenden Punkt: Eine Mutter im Verbund eines Indianervolkes kann sich immer der Unterstützung, des Schutzes und der Solidarität der helfenden Gemeinschaft sicher sein. Niemals muss sie die aufreibenden, körperlich wie seelisch anstrengenden ersten Jahre mit ihrem Baby und Kleinkind allein verleben. In unserer Gesellschaft sind Mütter während der ersten Lebensjahre ihrer Kinder jedoch tagsüber in der Regel auf sich allein gestellt. Wenn sie Hilfe brauchen – und das brauchen die meisten, weil auch Mutterliebe kein Garant für Unfehlbarkeit ist –, stehen ihnen zwar Bücher zur Verfügung, aber eher selten ein Mann, noch seltener erfahrene Großmütter, Schwestern oder Tanten und erst recht nicht verständnisvolle Mitmütter – weil die zum allgemeinen Frauenunglück nicht solidarisch, sondern ideologisch aufgeladen und besserwisserisch gestimmt sind.

Warum halten Profimütter anderen Frauen gebetsmühlenartig vor, dass Kinder unter drei Jahren nicht von ihren Müttern getrennt werden dürften? Hier liegt einer der wichtigsten Gründe dafür, dass Frauen in eine Spirale emotionaler und letztlich auch finanzieller Überforderung geraten. Für die meisten Frauen bedeutet, wie statistische Erhebungen belegen, ein dreijähriger Ausstieg aus dem Beruf in aller Regel den Anfang des endgültigen Ausstiegs. Die meisten verfügen nicht mehr über das entlastende Netzwerk der Großfamilie, ja in vielen Fällen noch nicht einmal über intakte Familien als emotionale oder finanzielle Stütze. Also bleibt ihnen nichts anderes übrig, als auf die von der Gesellschaft zur Verfügung gestellten Betreuungsmöglichkeiten zurückzugreifen. Für die meisten Frauen die einzige Chance, sich von der Alleinzuständigkeit zu entlasten.

Wem ist wirklich damit gedient, wenn wir unverdrossen jegliche Form der Entlastung verteufeln? Wenn wir immer wieder an dem Mythos festhalten, dass Mutterschaft gleichbedeutend sei mit der Rolle der »Mutter und Hausfrau«, wie sie vor den Zeiten der Emanzipation gang und gäbe war?

Wieso halten wir an einem Frauenbild fest, das letztlich ein altes Mutterideal aus den 50er Jahren ist? Und das, obwohl es in der Geschichte der Menschheit nur ein kurzfristiges Phänomen war und alles andere ist als eine unverrückbare biologische Gesetzmäßigkeit?

Blicken wir in andere Kulturen und auf unsere eigene Geschichte, müssen wir sehr schnell erkennen, dass es durchaus noch andere Wege und Möglichkeiten gibt, aus Kindern erwachsene Menschen zu machen.

Wir sollten die Sache ganz nüchtern betrachten: »Bisher hat die Intensivierung der Mutter-Kind-Beziehung kaum dazu geführt, dass Kinder und Jugendliche liebenswürdiger, heiterer, friedfertiger oder sozialbezogener wären als die früherer Generationen. Sie mögen nicht schlechter sein – aber sie sind bestimmt kein Beleg dafür, dass die hohe Intensität der mütterlichen Sozialisation bessere oder auch nur glücklichere Menschen schafft.«[21]

K.-o.-Schlag und Neuanfang

Wozu die Aufregung?

Warum sich eigentlich Gedanken machen über das ewige Gezänk unter Frauen? Am Ende führt ja doch jede ihr Leben, wie sie es für richtig hält, was ja auch gut ist. Und die Frauen mit den größten Gemeinsamkeiten schließen sich ohnehin und wie von selbst zu einer Gruppe zusammen. Warum also sich unnötig den Kopf zerbrechen, wie in dem zänkischen Hühnerstall Frieden einkehren könnte? Es ist eine Binsenweisheit, dass Frauen gerne über andere tratschen, sich gegenseitig beargwöhnen, neidisch sind und der anderen nur ungern das gönnen, was sie selbst nicht haben. Neben der vielberufenen Team- und Kommunikationsfähigkeit, dem Einfühlungsvermögen und selbstlosen Denken für die Gemeinschaft gibt es unter Frauen auch eine gehörige Portion Stutenbissigkeit, die bisweilen all das überdeckt, was man Frauen an guten Eigenschaften sonst nachsagt. Warum sich also Gedanken machen über etwas, was hinlänglich bekannt und eh nicht zu ändern ist?

Es ist deshalb nötig, weil die Verletzungen, die Frauen einander zufügen – seien sie noch so subtil und in der Hektik des Alltags kaum spürbar –, sie im Innersten aufwühlen, sie beschäftigen und dazu führen, dass sie sich bei der Wahl ihres Lebensentwurfes einengen und einschüchtern lassen. Besonders Frauen, die einen wenig konformen Weg gewählt haben, wie zum Beispiel Ursula von der Leyen, weht der eisige Wind der Missgunst beinahe täglich ins Gesicht. Selbst wenn wir uns fest vornehmen, dass wir uns von vehement vorgetragenen Überzeugungen nicht beeindrucken lassen, so beschäftigt es uns doch, dass man uns etwas einreden will – es weckt in uns das schleichende Gefühl des Zweifels, das schlechte Gewissen sowie den Reflex der Selbstrechtfertigung.

Vordergründig geben sich Frauen gern tolerant und versichern bereitwillig, dass jede natürlich die Entscheidungen ihres Lebens für sich allein treffen kann, Hauptsache, sie wird glücklich und steht zu dem, was sie macht. Doch die wohlgemeinte Toleranz reicht nicht aus, um tatsächlich die Frauenwelt zu befrieden, denn im Verborgenen oder schamlos offen werden die Fäuste im Namen der ideologischen Überzeugungen weiter geschwungen. Das Medienspektakel rund um das *Eva-Prinzip*, das aufgeregte Gekreisch in den Talkshows, die lauthals artikulierte Wut und Empörung, aber auch die leiseren Töne von Frauen, die sich von Eva Hermans Buch ehrlich verletzt fühlen, machen deutlich, dass Toleranz nur vordergründig die Reihen schließt. Zu Recht empfinden es Heerscharen von Frauen als Zumutung, dass erneut jemand aus ihren Reihen, dazu noch prominent und von vermeintlichem Einfluss, die Stimme erhebt, um anderen zu sagen, wie ein »richtiges« Frauenleben auszusehen habe.

Was wir brauchen, ist weniger eine oberflächliche Toleranz als vielmehr gegenseitiges Verständnis. Verständnis dafür, dass eine Frau sich entscheidet, für ihre Kinder auf einen Beruf zu verzichten, ohne deshalb als naives Dummerchen betrachtet werden zu wollen; Verständnis dafür, dass eine Frau in der Mutterschaft nicht das ultimative Lebensglück erkennen kann und ihren Beruf fortführen möchte, ohne deshalb auf Kinder zu verzichten, und sich auf das eine, karrierekompatible Kind beschränkt; Verständnis dafür, dass eine Frau sich, weil sie nicht in ihren Lebensentwurf passen, gegen Kinder entscheidet, ohne als gefühllose Egoistin verteufelt werden zu wollen. Und warum Verständnis? Weil jede ihre guten Gründe hat für das gewählte Lebensmodell, weil sie es genau so und nicht anders bewerkstelligen kann und möchte. Weil wir akzeptieren müssen, dass es nicht nur *ein* »gutes« Lebensmodell für Frauen gibt. Doch solange in unseren Köpfen Überzeugungen und normierte Vorstellungen herumgeistern, wie sie jüngst wieder im *Eva-Prinzip* kundgetan wurden, wird uns das tiefergehende Verständnis für die persönlichen Lebensentscheidungen einer jeden Frau fehlen.

Wir schielen stets neidisch und voller Bewunderung zu unseren Nachbarn, nach Skandinavien und nach Frankreich, weil Frauen dort genau das möglich zu sein scheint, was uns in Deutschland verwehrt ist: sich wirklich frei zu entscheiden, wie sie ihr Leben führen möchten – auch und gerade, wenn sich Kinder einstellen. Und besonders an unseren schwedischen Geschlechtsgenossinnen bestaunen wir, wie selbstverständlich sie sich mit ihren Männern die Familienarbeit teilen, wie selbstverständlich der Anblick von Vätern mit Kindern auf dem Universitätscampus oder daheim beim kranken Kind ist. All das könnten wir in Deutschland mit Sicherheit auch umsetzen, wenn Frauen es wirklich wollten. Hätten wir uns nicht unaufhörlich in ideologischen Debatten darüber verzettelt, wie ein »gutes« Mutterleben auszusehen habe, hätten wir schon längst an gesellschaftlichen Strukturen mitwirken können, die eine tatsächliche Wahlfreiheit für Frauen überhaupt erst möglich machen. Zugegeben, ohne eine ernsthafte Familienpolitik, wie sie in den Nachbarländern konsequent durchgeführt wurde, haben Frauen es schwer, Alternativen für ein persönliches Lebenskonzept überhaupt umzusetzen. In der Bundesrepublik wurden jahrzehntelang durch eine spezielle Steuerpolitik, das Kindergeld und die Verweigerung, weitere Betreuungsplätze anzubieten, vor allem jene drei Frauenbiographien gefördert: die Vollzeitmutter, die geringfügig teilzeitarbeitende Mutter und die kinderlose Karrierefrau. Der Frage nach einer adäquaten Familienpolitik haben sich in der jüngsten Vergangenheit zahllose Bücher und Zeitungsartikel mit neuem Elan gewidmet, sodass seit der zweiten Amtszeit unter Schröder die Familienpolitik zur politischen Chefsache erklärt worden ist.

Die große Ironie an der neuerdings hektisch betriebenen Familienpolitik ist: Nicht ein Gesinnungs- oder Wertewandel hat sie uns beschert, nicht die Einsicht, dass ein Mutterleben unterschiedliche Formen, von der Vollzeitmutter bis hin zur Karrieremutter, annehmen dürfe, weil das Glück unserer Kinder eben nicht allein von der normierten 50er-Jahre-Mutter abhängt. Nein, die langersehnten politischen Maßnahmen verdanken wir letztlich ausgerechnet den Frauen, die viele Mütter als ihre ärgsten Kontrahentinnen betrachten: den Kinderlosen, die bewusst der verschrobenen Muttiwelt den Rücken kehren. Erst ihr stummer Protest, ihr »Gebärstreik«, wie es so schön heißt, hat die Politiker aus allen Lagern aufgerüttelt und die Einsicht reifen lassen, dass Frauen – besonders die Akademikerinnen unter ihnen, an deren Nachkommen der Staat nun mal ein besonderes Interesse hat – offensichtlich nur dann bereit sind, Kinder zu bekommen, wenn die Vereinbarkeit von Beruf und Familie gewährleistet ist. Die demographischen Erhebungen, die regelmäßig als Katastrophenszenario interpretiert werden, haben die Politik derart aufgeschreckt, dass liebgewordene Moralvorstellungen über Familie und Mutterrolle mit einem Mal politisch irrelevant erscheinen. »Familie ist da, wo Kinder sind«, lautet neuerdings die offizielle Devise selbst bei der CDU, und nicht mehr »Familie ist da, wo eine Ehefrau, Hausfrau und Mutter Kinder erzieht«.

Es herrscht, für alle spürbar, eine familienpolitische Aufbruchsstimmung. Bleibt nur die Frage: Was ist mit den Frauen und Müttern selbst? Sind sie ernsthaft daran interessiert, dass ihnen die gleichen Möglichkeiten eingeräumt werden wie ihren Männern: Kinder zu haben und einen Beruf weiterzuführen? Oder streiten sie sich lieber unverdrossen weiter darüber, was im Leben einer Frau und Mutter richtig ist und was nicht, welches die eigentliche biologische Bestimmung der Frau ist und was sie wirklich zum Weibe macht? Solange wir von einem ideologisch aufgeladenen Mütter- und Frauenbild infiziert sind, werden Frauen sich gegenseitig daran hindern, ein selbstbestimmtes Leben zu führen, das frei ist von Vorwürfen und Schuldgefühlen, von Missgunst und Neid, von Verachtung und Arroganz.

Die Schattenseiten des Mutterglücks

Dass Karrierefrauen mit Kind oder mit Kindern – je mehr es sind, desto schlimmer – selten Verständnis entgegengebracht wird, ist nichts Neues. Doch an Verständnis fehlt es auch gegenüber Frauen, die die Schattenseite des Mutterglückes erleben und in ihrer Rolle offensichtlich überfordert sind. Solche bedauernswerten Muttergeschöpfe präsentiert uns die TV-Serie *Die Supernanny*. Hilflose Mütter, die uns als hässliche Fratze der »guten« Mutter betroffen machen und schockieren sollen. Was der Sendung auch fraglos gelingt. Das Spektakel mit diesen vermeintlich hartherzigen Müttern hat eine ähnlich unmenschliche Qualität wie die Gladiatorenkämpfe zu Zeiten der Römer, und es ist nicht wirklich ersichtlich, was mit diesem Fernsehformat erreicht werden soll: Geht es tatsächlich darum, den betroffenen Müttern Hilfe zukommen zu lassen und ihren Alltag mit den Kindern zu ordnen? Oder geht es darum, uns, die wir uns voyeuristisch hinter unseren Bildschirmen verschanzen und genüsslich zusehen, wie da eine in der Mutterrolle versagt, das Gefühl zu geben, im Vergleich damit eine gute Mutter zu sein?

Die Supernannys rücken mit dem guten Vorsatz an, den verzweifelten Frauen zu helfen. Sie plakatieren die Wände mit Regeln für Mutter und Kinder, strukturieren den Tagesablauf mit netten selbsthaftenden Bildern und Symbolen, nehmen die geschafften Frauen in den Arm, wenn doch einmal Tränen fließen, loben, wenn sich erste Erfolge in der Erziehungsarbeit abzeichnen – und dennoch beschleicht den kritischen Zuschauer stets ein ungutes Gefühl. Es ist der Verdacht, dass ein aufrichtiges Mitgefühl und Verständnis der Supernannys für die emotionale Verfassung ihrer Klientinnen nicht vorhanden ist. In einem Nebensatz wird erwähnt, dass die Mutter in einem Heim groß geworden ist, dass sie alleinerziehend und arbeitslos ist, dass sie keine Ausbildung hat, dass die Kinder von verschiedenen Männern stammen – alles Dinge, die mal eben als Hintergrundinformation wie beiläufig fallen und die doch eigentlich die Lebenstragik dieser Frauen ausmachen. Dennoch nehmen die Supernannys Quartier in der Hölle kreischender, zeternder, prügelnder und schlagender Mütter und Kinder und geben vor, wie aus dem Chaos wieder ein einigermaßen strukturiertes Familienleben erwachsen könnte. Dabei verfolgen sie ein klares Ziel: den Kindern aus ihrem Unglück zu helfen, damit sie in den Genuss eines geregelten Tagesablauf kommen, regelmäßige Mahlzeiten erhalten und Alternativen zu Dauerfernsehen und Computer kennenlernen. Daran ist nichts Verkehrtes zu erkennen. Es ist durchaus einleuchtend, dass diesen Kindern dringend geholfen werden muss, weil ihre Mütter sie offensichtlich nicht im Griff haben. Bei aller Sensibilität und Einfühlsamkeit ihren Klientinnen gegenüber werden die Supernannys auch nicht müde, sie an ihre Erziehungspflicht und Verantwortung als Mutter zu gemahnen. Um das zu erreichen, treten sie gegenüber den verzweifelten Müttern oftmals so autoritär auf, als wären es selbst Kinder. Schließlich geht es um nichts Geringeres als um das Wohl der Kinder. »Die Ungerechtigkeit gegenüber Kindern«, so schreibt Jane Swigart, »beunruhigt uns dermaßen, dass das Verständnis für den notleidenden Erwachsenen, der sich um das Kind kümmert, unsere Möglichkeiten häufig übersteigt.«[22]

Mitgefühl, Mitleid und Verständnis für die Mutter fehlt den Supernannys – und sicherlich so mancher Zuschauerin. Das Programm zur Hilfe und Selbsthilfe ist zweifellos gut gemeint und zeitigt vorübergehend sicher auch Erfolge. Ob Veränderungen allerdings von Dauer sind, darf man sich als Zuschauerin dennoch fragen, denn ein gravierender Aspekt wird von den Supernannys gar nicht erst in Frage gestellt: Sie appellieren unermüdlich und in voller Überzeugung an die Verantwortung, die diese Mütter nun mal für die Kinder haben, ohne auch nur den leisesten Zweifel daran aufkommen zu lassen, dass diese Mütter dauerhaft in der Lage sind, dieser Verantwortung alleine gerecht zu werden. Es erscheint paradox, diese überforderten Frauen in ihrer Alleinzuständigkeit für die Kinder bestärken zu wollen. Nähme man die emotionalen Notlagen der vorgeführten Supernanny-Mütter ernst, käme man sehr bald zu dem Schluss, dass Hilfe zur Selbsthilfe allein nicht reicht. Diese Frauen brauchen ein Netzwerk an Helfern, die ihnen konkret und täglich bei der Kinderfürsorge zur Seite stehen. Das Fernsehformat sieht solche Alternativen aber nicht vor. Es wäre im Sinne der gestressten Mütter und der vernachlässigten Kinder, wenn man zu der schlichten Einsicht gelangte, dass sie in einer Krippe, einer Kindertagesstätte oder in einem Hort auch gut aufgehoben wären – dass das eine sinnvolle Alternative wäre angesichts der Tatsache, dass sie daheim vor Computer und Fernsehen hocken, sich ungesund ernähren und sich mit ihren Müttern gegenseitig das Leben zur Hölle machen. Die Mütter würden durch diese Form der Betreuungsentlastung nicht völlig von ihrer Verantwortung entbunden. Ihnen bliebe noch genügend Zeit, in der sie ihren mütterlichen Pflichten nachkommen müssten – und sie hätten nach Stunden der Erholung und Selbstbesinnung vielleicht wieder die Kraft, das Hilfsprogramm der Supernannys auch effektiv und dauerhaft umzusetzen.

Na ja, wird jetzt manche »gute« Mutter denken, klar gibt es solche Härtefälle, da muss man natürlich gewisse Abstriche am Mütter-Leistungskatalog machen. Leider sind die bedauernswerten Supernanny-Mütter jedoch keineswegs eine marginale Randgruppe in unserer Gesellschaft, die man getrost als Härtefälle betrachten könnte, ohne an ernsthafte Konsequenzen denken zu müssen. Nein, ein entlastendes Netzwerk in Form von Betreuungseinrichtungen wäre im Interesse der gesamten Gesellschaft. Denn die Supernanny-Mütter führen uns eines anschaulich vor Augen: Nicht immer kann man von einer Mutter erwarten, dass sie die Erziehung ihrer Kinder allein bewältigt. Um das anzuerkennen, müsste man sich aber von der Vorstellung lösen, dass Kinder am besten bei ihren Müttern gedeihen. Einrichtungen zur Gemeinschaftserziehung müssten endlich aus der gedanklichen Schmuddelecke geholt werden. Gerade die Ganztags- und Krippenbetreuung wird von vielen Frauen immer noch als Notlösung für Fälle gesehen, in denen die mütterliche Betreuung nicht möglich ist. Selten erscheint sie als das kleinere Übel oder gar als die bessere Variante. Anstatt sie weiterhin als Notlösung zu sehen, sollte man sich vielmehr Gedanken machen, wie man die Qualität sowie die finanzielle und personelle Ausstattung dieser Betreuungsform sichern und verbessern könnte. Krippenbetreuung, Ganztagskitas, Ganztagsschulen und Horte sind die moderne Alternative für eine Gesellschaft, die sich vom sozialen Netz der Kleinfamilie (Vater, Mutter, Kind) und der Großfamilie (bestehend aus Geschwistern, Großeltern, Tanten, Cousinen und Cousins) sowie von erschwinglichem Hauspersonal verabschiedet hat. Wer an einer Verteufelung festhält, wie es in der kollektiven Kritik an der DDR-Krippenpraxis immer wieder exemplarisch zum Ausdruck kommt, und die Mutterbetreuung selbst bei sozialen Härtefällen beharrlich als die fraglos bessere Variante präsentiert, spielt mit dem Feuer. Er nimmt in Kauf, dass Heerscharen von Kindern und Jugendlichen nur selten in den Genuss einigermaßen vernünftiger Mahlzeiten kommen und dass sie kaum andere Umgangsformen kennenlernen als Schreien, Schlagen, Anpöbeln und Ignorieren.

Warum nur halten noch immer so viele Menschen an einem rousseauistisch verklärten Mutterbild fest und wollen nicht wahrhaben, dass unzählige Mütter kaum in der Lage sind, ihren Kindern ein Buch vorzulesen und ihnen ein gehaltvolles Essen zu servieren, das mehr umfasst als Fertigpizza, Toast und Gummiwurst. Man möchte ihnen allen wünschen, dass sie im Kindergarten hin und wieder erleben, wie ein Apfelkuchen gebacken wird, dessen Duft verführerisch durch die Gruppenräume zieht.

Plädoyer für eine »gute« Karrieremutter

In der Medienwelt von Fernsehen und Zeitschriften werden Mütter häufig in eine verschwommene Unschuldsaura gehüllt, als wäre ihr Inneres mit Weichspüler gewaschen wie die Strampler ihrer Babys. Besonders die Werbung für Produkte, die Mütter für ihre Kinder kaufen sollen, zeichnet mit Vorliebe ein solches Softbild. Sie zeigt Frauen in blütenreinen Blusen, mit einem lieblichen Lächeln, so rein und weiß wie die zarten Kinderseelen. Und aus ihren Augen strahlt eine solche Zufriedenheit, dass man vermutet, die Pampers-, Fruchtzwerg-, Hipp- und Milchschnitten-Mütter wollten diese sanfte Miracoli-Welt niemals wieder verlassen.

Die Werbewelt kennt zwar auch Karrierefrauen, die neben einem mörderischen Job wie selbstverständlich auf Vitalität, gutes Aussehen, Lebensschwung und Weiblichkeit achten und den Eindruck vermitteln, als sei ihr Berufsleben so leicht und angenehm wie ein verlängertes Wochenende auf einer Beauty-Farm. Doch diese Frauen haben allesamt keine Kinder. Gänzlich unbekannt scheint der Werbung die Karrieremutter zu sein, die abends ein wenig erschöpft, dennoch erfüllt und heiter zu ihren Kindern heimkehrt, von diesen fröhlich empfangen wird und im Handumdrehen eine duftende Tütensuppe zaubert.

Es ist keine Frage, dass die Werbung nicht Realitäten abbildet, sie arbeitet mit Wunschbildern und Sehnsüchten. Doch spricht es für sich, dass es in den Medien offensichtlich nur diese zwei Sorten Frauenmenschen zu geben scheint: die adrette, selbstbewusste Mutter und die vitale, lebensfrohe Karrierefrau. Wo, muss man sich fragen, sind die vielen arbeitenden Mütterfrauen? In der Realität gibt es sie, doch offensichtlich hat ihre Lebensform keinen anerkannten Platz in unseren Köpfen, sie scheint nichts Positives, Beneidenswertes, Erstrebenswertes zu transportieren, was als attraktives Lebensmodell vermarktet werden könnte.

Die Werbemütter in ihren frisch gebügelten weißen Blusen kommen zwar längst nicht mehr so bieder daher wie die Persil-Hausfrauen der 50er und 60er Jahre. Sie bilden jedoch auch heute noch den Mittelpunkt des Familienlebens: Sie empfangen gutgelaunt ihr verdrecktes Kind, um die Schmutzwäsche sogleich in die Waschmaschine zu stopfen; sie liegen müßig und entspannt in der Hängematte, reichen ihren ausgelassenen Kindern Milchschnitten und gönnen sich selbst auch eine, weil sie so lecker schmeckt; sie stehen gütig lächelnd an der Seite und beobachten, wir ihr abenteuerlustiger Junge sich ein klebriges Nimm2 in den

Mund schiebt – mit dem guten Gewissen, ihm wenigstens ein vitaminreiches Bonbon zum Naschen gegeben zu haben. Sie sind immer zur Stelle, wenn ihr Kind sie braucht, nichts kann sie von den Bedürfnissen ihrer Kinder ablenken. Was diese Werbemütter neben ihren Kindern sonst noch treiben und mit ihrem Leben anfangen, ist kein Bild und keinen Gedanken wert.

Warum kennt die Werbung keine Karrieremütter? Mütter, die nicht selbstverständlich zur Stelle sind, sondern erst abends aus der Welt draußen zu ihren Kindern heimkehren, um herzlich von ihnen in den Arm genommen zu werden? Hat es damit zu tun, dass eine solche Mutter, die nicht immer für ihre Kinder da ist, unserer Vorstellung von der »Rabenmutter« entspricht?

Wenn arbeitende Mütter von Politik und Wirtschaft mehr und mehr akzeptiert, ja gewünscht werden, dann sollte allmählich auch in den Köpfen eine Paradigmenverschiebung einsetzen. Es muss uns gelingen, auch den Karrieremüttern etwas Gutes abzugewinnen, vor allem etwas Gutes für ihre Kinder. Es muss gelingen, sich von der Vorstellung zu verabschieden, dass eine Mutter, die weniger Zeit für die Familie hat, zwangsläufig eine schlechte Mutter ist und zum Glück der Kinder nichts beiträgt – oder es gar gefährdet. Die Rede ist weniger von halbtags arbeitenden Frauen, deren Berufstätigkeit die Kinder nicht wirklich mitbekommen, die Rede ist von Müttern, deren Job sich als unvereinbar mit dem Leben einer traditionellen Normalfamilie erweist. Wir müssen den Gedanken zulassen, dass eine solche Mutter über die Liebe und Sorge für ihre Kinder hinaus auch ein Stück Weltgeschehen mit ins Haus bringt. Nicht nur die Kinder und der Ehemann haben etwas am Familientisch zu erzählen, auch die Mutter wird dann als Persönlichkeit wahrgenommen, die Vorbild sein kann, die ihren Platz nicht nur in der Familie, sondern auch in der großen, weiten Welt hat.

Welchen Gewinn, außer einem enormen Zeitkontingent und einer ständigen Verfügbarkeit, haben Kinder (vor allem solche ab 3 Jahren) von all den Müttern, wie sie die Medien so gerne zeichnen? Wir können uns Karrieremütter stets nur als Zerrbild aus Hetze, Erschöpfung und Vernachlässigung der Kinder vorstellen, nie als eine Bereicherung für die Entwicklung der Kinder, der Partnerschaft und des Familienlebens allgemein. Es wird allzu gerne übersehen, dass eine Karrieremutter ihre Kinder in ebenso positiver Weise prägen kann wie andere Mütter, die mehr Zeit für ihre Kinder haben. Eine grundlegende Voraussetzung für das Wohlergehen der Kinder lautet nämlich, dass Mütter zufrieden sind mit der Wahl ihres Lebensmodells. Das überträgt sich auch auf ihre Kinder. Hier ein neues, realistischeres, gerechteres und positiveres Bild zu zeichnen, könnte für die Marketingwelt eine kreative Herausforderung für die Zukunft sein, ohne dass dabei das eine Modell gegen das andere ausgespielt wird. Und vor allem, ohne neue, andere Lebensformen ausschließende Normbilder aus der Taufe zu heben.

Dass in Deutschland bald die Hälfte der Akademikerinnen, für die ihr Beruf von existentieller Bedeutung ist, auf Kinder verzichten, sollte einen weniger panisch denn traurig stimmen. Es ist immer schwer, etwas Positives über Kinder zu sagen, ohne sich in kitschigen Platituden zu verlieren. Dennoch gehören sie ab einem gewissen Zeitpunkt für den erwachsenen Menschen, ob Frau oder Mann, einfach zu einem runden Leben. Nicht nur übernehmen wir, die Erziehenden, die Verantwortung, das Leben unserer Kinder zu strukturieren, ihnen Halt, Geborgenheit und Werte zu vermitteln. Kinder strukturieren auch unseren Alltag, schenken uns ihrerseits Halt und Geborgenheit, geben uns eine Aufgabe, verleihen uns Stärke und locken unsere menschlichsten Seiten hervor: Liebe, Geduld, Mitfühlen, Lachen, Weinen, Sorge und Erschöpfung. Keine Frage, dass ein Leben mit Kindern mit Stress, Ängsten und einer enormen Anstrengung verbunden ist, doch daran kann jeder Einzelne wachsen, sodass am Ende Kinder immer mehr Bereicherung denn Verlust an Lebensqualität bedeuten. Für die persönliche Entwicklung des erwachsenen Menschen sind Kinder eine der wertvollsten Erfahrungen, die das Leben bietet. Warum sonst ist der Wunsch nach Kindern ein so kreatürlicher, ein zutiefst menschlicher, der sich nur schlecht mit rationalen Gründen erklären lässt? Weil, so schreibt Wolfgang Schmidbauer zutreffend, »es (…) nun mal eine alte, mächtige Tradition ist, dass Menschen Kinder kriegen«.[23] Kinder gehören zu unserem Leben, doch steht nirgends im Gesetzbuch der Natur geschrieben, *wie* wir unser Leben mit ihnen gestalten und einrichten. Wir müssen Sorge dafür tragen, dass es ihnen gut geht, doch *wie* wir das machen, darüber sollten wir nicht mehr verbissen streiten. Wenn es uns in Zukunft gelingt, auch die Karrieremutter als gültiges Modell zuzulassen, würden Akademikerinnen vielleicht mehr Mut und Lust aufbringen, Kinder in ihre Biographie mit einzuplanen, und sie letztlich auch kriegen. Die Konsequenzen für die Gesellschaft wären weitreichend: Frauen könnten sich dann tatsächlich unabhängig von der Kinderfrage für einen Traumberuf entscheiden, anstatt sich auf einen kinder- bzw. familienverträglichen Beruf zu beschränken – oder ihren Wunsch nach Kindern zu unterdrücken. Gäbe es auf dem Arbeitsmarkt mehr Frauen mit Kindern auch in höheren Positionen, erführe die Berufstätigkeit von Müttern größere Wertschätzung (auch finanziell), anstatt bloß als Dazuverdienst oder, in der bösartigen Variante, als Freizeitbeschäftigung betrachtet zu werden.

Und was ist mit den Männern?

Gute Frage. Sicherlich werden einige Leserinnen gegen Ende des Buches staunen, dass die Männerwelt bisher so ungeschoren davongekommen ist. Das ist doch ungerecht! Ja, es ist ungerecht, weil die Themen Kinder, Mutterschaft und Berufstätigkeit ohne Männer nicht denkbar sind und wir es ihnen viel zu leicht machen, wenn wir sie genüsslich ihre Hände reiben lassen angesichts des Gezänks im Matriarchat. Denn letztlich liegt eine der tieferen Wurzeln des Frauenstreits in der Tatsache, dass Männer durch die Geburt eines Kindes nicht zwangsläufig vor die existentielle Frage

»Berufstätigkeit oder Kindererziehung?« gestellt werden. Wenn er sich nicht von sich aus partnerschaftlich an der Erziehung beteiligt und die Frau ihn auch nicht dazu zwingt, wird ein Mann durch die Geburt seines Kindes nicht gezwungen, sein Leben umzugestalten oder ganz neu auszurichten. In traditionellen Familien setzt der Mann unbeeinträchtigt seine berufliche Biographie fort, während die Frau sich durch die Mutterschaft in aller Regel neu orientiert. (Allerdings dürfte die neue Verantwortung, nun auch für ein Kind oder mehrere sorgen zu müssen, manchem Vater schwer auf den Schultern lasten.)

Liegt das alles am biologischen Unterschied – also daran, dass es nun einmal die Frauen sind, die die Kinder zur Welt bringen? Und ist es deshalb nicht müßig, ständig über die Männerfrage zu sprechen? Nein, ist es nicht! Denn dank Pille und anderen Verhütungsmethoden ist Mutterschaft nicht mehr rein biologisch gesteuert. Wenn Frauen durch eine wirksame Verhütung frei wählen können, ob und wann sie Kinder haben möchten, dann sind sie nicht mehr biologisch determinierten Entscheidungszwängen unterworfen. Mit dem Jahr 1961, als der Pharmakonzern Schering die Antibabypille auf den deutschen Markt gebracht hat, wurden die Kinderfrage und die Frage nach der Verteilung der Rollen innerhalb der Familie völlig neu gestellt. Biologische Gründe sollten künftig in den Hintergrund treten, die Rollenverteilung als Arrangement zwischen Mann und Frau ausgehandelt werden.

Von Männern wird mehr und mehr eine aktive Vaterschaft gefordert, was nicht zuletzt dem Engagement der Frauenbewegung, einem neuen Selbstbewusstsein beruflich ambitionierter Frauen und einem zunehmend lauter werdenden gesellschaftlichen Appell an die Väter zu verdanken ist. Es gilt längst nicht mehr als selbstverständlich, dass Männer unbeeinträchtigt ihre Karriere an Frauen und Kindern vorbeiplanen können – auch wenn es vielfach immer noch so läuft. Dennoch haben alle, die sich von Klischees lösen können, heute ein ganz anderes Bild von Vätern als noch vor 50 Jahren. Ein Mann, der am Nachmittag auf dem Spielplatz gesichtet wird oder sein Kind vom Kindergarten abholt, muss nicht mehr das Gefühl haben, wie ein Affe im Zoo angestarrt zu werden.

Damit Väter Kinder und Beruf vereinbaren können, wenn sie dies möchten oder ihre Frauen es erwarten, sind sie ebenso wie Frauen auf entsprechende Rahmenbedingungen angewiesen. Es muss einem Mann möglich sein, seine Arbeitsstelle so zu gestalten, dass er Krankheitstage für sein Kind nehmen kann, ohne um seine berufliche Reputation zu fürchten. In einem Unternehmen müssen Männer nicht nur als Arbeitskräfte, sondern auch als Familienväter wahrgenommen werden, die nicht wie selbstverständlich daheim über eine Hausfrau und Mutter verfügen, die ihnen mit der Familienarbeit den Rücken freihält. Noch stecken väterfreundliche Maßnahmen, besonders auf Unternehmensebene, in den Kinderschuhen, doch deutet sich auch hier – ähnlich wie in der Politik – ein Bewusstseinswandel an.

In letzter Konsequenz ist die Rollengestaltung innerhalb der Familie jedoch eine private Angelegenheit, die Frauen und Männer untereinander aushandeln müssen. Das gilt vor allem für jene Frauen, die trotz Kindern ihre berufliche Biographie weiterverfolgen möchten. Es betrifft ebenfalls jene, die wegen der Kinder einige Zeit zu Hause bleiben möchten, aber nicht für immer. Und auch für die Frauen, die Probleme haben, sich in ihrer Mutterrolle zurechtzufinden und die zerknirscht darüber sind, dass sie zurückstecken müssen, wird es hilfreich sein, sich mit dem Gedanken einer klaren Rollenaufteilung zu befassen.

Frauen ist wenig gedient, wenn sie sich über die widrigen gesellschaftlichen Rahmenbedingungen beklagen oder auf die immer noch patriarchalisch eingestellten Männer schimpfen, wenn es ihnen nicht gleichzeitig gelingt, für sich einen befriedigenden Platz als Frau und Mutter in der Familie zu finden – selbst wenn die äußeren Umstände zugegebenermaßen alles andere als hilfreich sind. Sie müssten sich selbst kritisch befragen, welche Rolle sie als Mutter überhaupt einnehmen möchten. Lassen sie sich von normierten Idealbildern leiten, oder entspricht es tatsächlich ihrer inneren Überzeugung, für ihre Kinder beruflich zurückzustecken und allein dem Mann die Berufstätigkeit und die Rolle des Ernährers zu überlassen? Frauen sollte es gelingen, für sich eine authentische Mutterrolle zu finden – frei von mythischen und ideologisierten Verklärungen.

Wie wollen Frauen ihren Männern glaubhaft vermitteln, dass sie grundsätzlich an einer paritätischen Aufteilung der Erziehungsarbeit interessiert sind, wenn es ihnen selbst nicht gelingt, sich von der Normvorstellung verinnerlichter Mutterpflichten freizumachen? Diese Verinnerlichung (»Kinder sind Frauensache«) führt häufig dazu, dass Mütter zwar die Versorgung der Kinder auf sich nehmen, darüber jedoch unzufrieden werden – vor allem, wenn sich der berufliche Wiedereinstieg als sperrig erweist oder das Engagement der Väter zu wünschen übrig lässt, weil es nicht von Anfang an als selbstverständlich eingefordert wurde.

Erst wenn Männer spüren, dass an ihrer Beteiligung innerhalb des Familienlebens kein Weg vorbeiführt, weil ihre Frauen kein Interesse an tradierten Mutterrollen zeigen, wird es für sie ernst. Doch die paritätische Teilung müssen Frauen auch wirklich wollen. Wenn sie zaudern, weil sie immer noch restlos von dem ideologisierten Mutterbild infiziert sind, legen sie sich selbst in Fesseln – wenn sie auch gerne die widrigen gesellschaftlichen Umstände und die ewig patriarchalischen Strukturen für ihre weiblichen Fesseln verantwortlich machen.

Frauen, die authentisch in der Mutterrolle aufgehen, haben es deutlich leichter als Frauen, die sich an ihrem Selbstbild und an der normierten Mutterrolle reiben. Und: Wie auch immer sie den inneren Konflikt lösen – sie sind gut beraten, sich die Solidarität, Mithilfe und Loyalität ihrer Männer zu sichern. Es wäre ein Irrglaube, anzunehmen, Frauen und Mütter könnten ihren Weg ohne sie gehen. Diesem Irrglauben sind bereits in den 80er Jahren die Mütterfeministinnen erlegen, was dazu geführt hat, dass viele Männer sich gar nicht erst darum bemüht haben, fürsorgliche und hingebungsvolle Väter zu werden. »Hinter jeder erfolgreichen Frau und Mutter«, so ähnlich lautet der etwas plakative Spruch, »steht ein engagierter Vater«. So auch die Analyse von

Alice Schwarzer über die augenblicklich umstrittenste Mutter der Nation in Führungsposition, Ursula von der Leyen: »Sie wird sicherlich Stress haben, das alles zu managen, aber offenbar hat sie einen Mann, der sie unterstützt.«[24] Wovon man ausgehen kann!

Brauchen wir eine dritte Frauenbewegung?

Einer ähnlichen Frage ging das Wochenmagazin *Die Zeit* im Sommer 2006 nach, mit einer Interviewstrecke zum Thema: »Wir brauchen einen neuen Feminismus«.[25]

Sich über Erfolge und Misserfolge der Emanzipation Gedanken zu machen, wird mehr und mehr zu einem öffentlichen Thema, obwohl wir erstmals eine Kanzlerin haben und Berufstätigkeit von Müttern trotz aller Widrigkeiten eine immer größere Selbstverständlichkeit geworden ist. Doch was oberflächlich als Erfolg der Emanzipation verzeichnet wird, ist es bei tiefergehender Betrachtung längst nicht. Im Gegenteil, so schrieb der *Spiegel* im April 2006: »In Deutschland ist die Emanzipation auf halber Strecke steckengeblieben«, was sich an einer ganzen Reihe von Faktoren zeige: Das erste Baby wirft Frauen zurück in die 50er Jahre; Karriere und Familie zu vereinbaren gelingt mehr schlecht als recht, was sich an der prozentual hohen Zahl der Hausfrauen und der kinderlosen Akademikerinnen zeigt; nur fünf Prozent der Männer nehmen tatsächlich Erziehungsurlaub; das Gehaltsniveau von Frauen liegt unter dem Niveau der Männer; Frauen in Führungspositionen können an einer Hand abgezählt werden, Krippenplätze, Ganztagskindergärten und -schulen sind in Deutschland nicht ausreichend vorhanden.[26] Wer diese offensichtlichen Beweise für eine mangelhafte Gleichberechtigung von Frauen vor Augen geführt bekommen möchte, braucht nur die einschlägigen Magazine, Zeitungen und Bücher zu lesen. Beinahe wöchentlich werden sie dort dem aufmerksamen Leser in Form von Zahlen und Diagrammen präsentiert.

Über die harten Fakten und aussagekräftigen Zahlen vergisst man allerdings schnell, wo die Verantwortung für die missliche Lage der Frauen zu suchen ist. Es ist immer einfacher, anderen die Schuld in die Schuhe zu schieben – klassischerweise den Männern oder den allgemeinen Umständen –, als selbstkritisch nach den eigenen Anteilen zu fahnden. Wenn Frauen über die Vereinbarkeit von Beruf und Familie, über ihr Selbstverständnis als Frau und Mutter immer wieder ins Schleudern geraten, wenn die Einvernehmlichkeit zwischen Mann und Frau mit Beginn der Elternschaft bedenklich ins Wanken gerät, wenn Frauen nicht aufhören können, sich über den Wert verschiedener weiblicher Lebensentwürfe zu streiten, dann sind sie zu einem großen Teil auch selbst daran schuld. Der unerschütterliche Glaube, Kinder könnten nur dann zu glücklichen Menschen heranwachsen, wenn die Mutterschaft dem »deutschen Königsweg« entspricht, hat die Frauenwelt so nachhaltig infiziert, dass Deutschland im internationalen Vergleich wie eine einsame, trostlose Insel inmitten eines weiten, warmen Meeres herausragt. Und als böten die äußeren Umstände den Frauen nicht schon Grund genug, an diesem Land zu verzweifeln, hat uns das unbeirrbare Festhalten am Mythos Mutterschaft auch noch einen destruktiven Frauenstreit beschert. Er lähmt die Kinderlose mit Kinderwunsch, er frustriert und beleidigt die Profimutter, er lässt die Teilzeitmutter regelmäßig verzagen. Er verwandelt die Frauenwelt hinter vermeintlicher Freundlichkeit und fröhlichem Gezwitscher in ein Gemisch aus Intoleranz, Verständnislosigkeit, Besserwisserei, Hartherzigkeit, Aggressivität, Neid und Missgunst.

Brauchen wir also eine neue Frauenbewegung? Ich denke ja. Es wäre zu wünschen, dass sich die Frauenwelt über ihre ureigenen Fesseln und Denkblockaden Klarheit verschafft und Einsichten gewinnt in die tatsächliche Stimmung im weiblichen Lager: Anstatt beleidigt zu sein und gekränkt um sich zu schlagen, sollte eine Profimutter einen kritischen Blick auf das Phänomen Mutterschaft werfen und nachdenken, ob es nicht doch verschiedene Wege gibt, um für seine Kinder eine »gute« Mutter zu sein, und ob man diese nicht bei anderen unkommentiert akzeptieren könnte. Und umgekehrt: Anstatt arrogant und überheblich auf überzeugte Vollzeitmütter herabzublicken, weil zum Prestige einer Powerfrau nun mal ein Beruf gehört, sollten die Karriere- und die Teilzeitmutter Verständnis und Toleranz aufbringen und es Frauen unkommentiert gönnen, wenn sie gerne und nur Mutter sind.

Im Unterschied zu den vergangenen Frauenbewegungen stünde beim neuen Feminismus eine gänzlich andere Gruppe im Visier des kollektiven Kampfes: nicht die Männer, sondern die Frauen höchstpersönlich, die es weniger zu »bekämpfen« denn zu »befrieden« gälte.

Vielleicht werden mir in fünfzehn bis zwanzig Jahren meine Töchter, bei ihrem Aufbruch in die Berufswelt und (hoffentlich) in die Mutterschaft, mir kopfschüttelnd lauschen, wenn ich, die Großmutter, ihnen ein Märchen aus längst vergangenen Zeiten erzähle: Dass sich Frauen gegenseitig beschimpften, wenn die eine wegen der Kinder daheimblieb, während die andere trotz Kindern Karriere machte, wenn die eine zwei Jahre glücklich stillte, während die andere lieber die Flasche reichte, wenn die eine ihr Kind erst mit vier Jahren in den Kindergarten schickte, während die andere es bereits nach acht Wochen tat. Möglich, dass meine Töchter es mir nicht glauben werden, wenn ich ihnen erzähle, dass wir nur mit größter Mühe, Beruf und Kinder vereinbaren konnten, weil es kaum Betreuungsplätze für unsere Bedürfnisse gab, dass wir alle unter einem chronisch schlechten Gewissen litten und glaubten, eine »gute« Mutter müsse so sein wie die Urgroßmutter der 50er Jahre.

Vielleicht werden mir in fünfzehn bis zwanzig Jahren auch meine Söhne, bei ihrem Aufbruch in die Berufswelt und (hoffentlich) in die Vaterschaft, kopfschüttelnd lauschen, wenn ich, die Großmutter, ihnen ein Märchen aus längst vergangenen Zeiten erzähle: Dass Männer früher keine Rücksicht auf ihre Frauen nehmen mussten, wenn ihr erstes Baby geboren wurde, dafür aber unter größter Mühe allein das Geld nach Hause brachten. Dass sie am Rande des finanziellen Ruins standen, wenn die Sache schieflief, die enttäuschten Frauen sie mit den Kindern verließen und ihnen nichts anderes übrig blieb, als zu zahlen und hin und wieder die Kinder zu besuchen. Dass es keine Selbstverständlichkeit war, sich mit den Frauen Beruf und Familie zu teilen, und dass Eltern sich stattdessen unaufhörlich darüber stritten, wer sich wann und wie um die Kinder zu kümmern habe, und dass Frauen nicht selten bitter enttäuscht waren von ihren Männern.

Ich wünsche mir sehr, dass die heutige Realität in zwanzig Jahren ein Märchen aus längst vergangenen Zeiten sein wird.

Anmerkungen

1 Vgl. Gaschke, Emanipationsfalle, S. 166
2 Heike Faller, »Haben wir die Emanzipation verspielt?«, *Die Zeit*, 17/2006
3 Gaschke, Emanipationsfalle, S. 63
4 Anke Richter, »Die besten Mütter von allen«, *Eltern for Family* 7/2006
5 Schenk, S. 89
6 Horn, S. 128
7 Schenk S. 214
8/9 Swigart, S. 115
10 Frohnhaus, S. 112
11 Dies., S. 4
12 Sichtermann, 1983
13 Largo, S. 14
14 »Die digitale Frau: Brauchen wir eine neue Frauenbewegung?«, in: *Brigitte* 14/2006
15 Swigart, S. 18
16 Swigart, S. 20
17 Alice Schwarzer, »Panik im Patriarchat« in: *Der Spiegel* 22/2006
18 *Der Spiegel* 29/2001
19 *Kölner Stadtanzeiger*
20 Thurer, S. 16
21 Schenk, S. 119
22 Swigart, S. 27
23 *Der Spiegel*, 29/2001
24 *Der Spiegel*, 22/2006
25 *Die Zeit*, 35/2006
26 *Der Spiegel*, 17/2006

Literatur

Beck-Gernsheim, Elisabeth – Die Kinderfrage: Frauen zwischen Kinderwunsch und Unabhängigkeit, C.H. Beck, München 1997

Figes, Kate – Babyblues: was Ihnen selbst Ihre beste Freundin nie übers Muttersein verraten würde, Fischer Taschenbuch Verlag, Frankfurt a. M. 2001

Frohnhaus, Gabriele – Feminismus und Mutterschaft: Eine Analyse theoretischer Konzepte und der Mütterbewegung in Deutschland, Deutscher Studien Verlag, Weinheim 1994

Gaschke, Susanne – Die Emanzipationsfalle: Erfolgreich, einsam, kinderlos, C. Bertelsmann Verlag, München 2005

Gaschke, Susanne – Die Erziehungskatastrophe. Kinder brauchen starke Eltern, Deutsche Verlags-Anstalt, Stuttgart – München 2001

Horn, Ulrike – Neue Mütter hat das Land: Selbstbewusst und gleichberechtigt, Kreuz Verlag, Stuttgart 2000

Kerber, Bärbel – Die Babyfalle, Metropolitan Verlag, Berlin, Regensburg 2003

Largo, Remo – Kinderjahre, Die Individualität des Kindes als erzieherische Herausforderung, Piper Verlag, München 1999

Pfundt, Karen – Die Kunst, in Deutschland Kinder zu haben, Argon Verlag, Berlin 2004

Schenk, Herrad – Wieviel Mutter braucht der Mensch? Der Mythos von der guten Mutter, Rowohlt Taschenbuch Verlag, Reinbek bei Hamburg 1998

Schirrmacher, Frank – Minimum: Vom Vergehen und Neuentstehen unserer Gemeinschaft, Karl Blessing Verlag, München 2006

Sichtermann, Barbara – Vorsicht Kind! Eine Arbeitsplatzbeschreibung für Mütter, Väter und andere, Wagenbach, Berlin 1983

Swigart, Jane – Von wegen Rabenmutter, Droemer Knaur, München 1991

Thurer, Shari – Mythos Mutterschaft: Wie der Zeitgeist das Bild der guten Mutter immer wieder neu erfindet, Droemer Knaur, München 1995

Vinken, Barbara – Die deutsche Mutter: Der lange Schatten eines Mythos, Piper Verlag, München 2001